PARIJS

Ook verschenen van Kiki van Dijk bij Xander Uitgevers

Zeevlam (2014)
Ibiza (2016)
Ibiza – De erfenis (2017)
Lech (2017)
Pisa (e-book, 2018)
Bali (2018)
Nice (2019)
Barça (e-book, 2019)
Winterberg (2019)
Tarifa (2020)
Gstaad (2020)
Vlieland (2021)

KIKI VAN DIJK

Parijs

XANDER

Uitgegeven door Xander Uitgevers BV
www.xanderuitgevers.nl

Omslagontwerp: Studio Marlies Visser
Omslagbeeld: Getty Images
Zetwerk: Michiel Niesen, ZetProducties

Eerste druk 2021
Tweede druk 2022

ISBN 978 94 0161 872 4 | NUR 332

Deze uitgave kwam tot stand door bemiddeling van Sebes & Bisseling
Literair Agentschap te Amsterdam.

Voor hem, hij weet waarom

Adam was slechts een ruw ontwerp; de schepping van de mens lukte God pas echt goed toen hij Eva schiep.

Simone de Beauvoir

1

ROTTERDAM

Vrijdag 23 december

'Waar zullen we gaan zitten?' Pien bleef staan op de drempel van het café. 'Daar achteraan? Bij de haard?'

Mika knikte. Ze blies in haar handen. Het was lang geleden dat het in december zo koud was. 'Dat tafeltje lijkt me perfect.'

Achter elkaar aan liepen ze dwars door de smalle kroeg. Aan de bar hingen studenten met rode wangen van de drank en half gescheurde jasjes. Langs de wand zaten buurtbewoners aan lange tafels te eten. Baby's in kinderstoeltjes naast opa's en pubers. Het menu stond met krijt op de muur geschreven. Alles was precies hetzelfde als toen ze er veertig jaar geleden voor het eerst kwam.

Een man met opgerolde mouwen en een gebronsde kleur zwaaide van achter de bar. 'Hé, Miek! *Long time no see.*'

'Boris!' Ze boog zich over de bar en gaf hem een kus op

zijn wang. 'Inderdaad zeg. Alles goed?'

De man sloeg met twee handen op zijn dikke buik. 'Paar maanden Bangkok. Goddelijk. Alleen iets te veel pad thai gegeten.'

'Wat extra vet kan in deze vrieskou geen kwaad.'

Boris' lach bulderde door het café. 'Wijffie, zo is het. En Feyenoord... wat gaan ze morgen doen?'

'Winnen natuurlijk.'

'Uiteraard... wel lief over ze schrijven, hè!'

'Dat doe ik toch altijd? Mag ik twee vaasjes?' Ze wees naar het tafeltje waar Pien al was gaan zitten. 'Voor daar achterin.'

'Komt voor elkaar mevrouw.'

Mika liep door naar achter en gooide haar jas en muts over een lege stoel. 'Ik heb een biertje voor je besteld.'

'O dat is prima,' zei Pien terwijl ze haar sjaal keurig opvouwde en over een kruk hing. 'Dan neem ik straks wel een whisky.'

'Wil je dat liever?'

'Nee, doe niet zo gek. Ga zitten.'

Mika schoof haar stoel dichter naar haar collega toe. 'Hoe laat kom je me morgen eigenlijk oppikken?'

'Ik moet eerst nog twee zoomlenzen op de redactie ophalen, maar ik denk dat ik rond half twaalf bij jou ben. Dat is toch vroeg genoeg?'

Mika knikte. Pien wist heel goed dat het vroeg genoeg was, ze werkten al vier jaar samen. Maar Pien hield van zekerheid.

'Ik ben eigenlijk heel blij dat morgen de laatste wedstrijd is,' zei Mika.

'Ja, de winterstop valt dit jaar wel heel laat.'

'Te dicht op kerst hè?'

Boris kwam aanlopen met de biertjes en overhandigde ze met een vette knipoog aan Pien, die het niet opmerkte. Voor een fotograaf had ze opvallend weinig oog voor haar omgeving. 'Precies. Het is morgen al de vierentwintigste, toch?'

Mika knikte weer. 'Wat ga jij eigenlijk doen? Naar je ouders in Schoorl?'

'Nee, dat kan ik Sammy niet aandoen... Een hele kerst bij haar schoonouders. Dat is een absolute no-go. We gaan lekker naar CenterParcs, ergens in Drenthe. En jij? Komt je zus over uit Parijs?'

'Dat was wel de bedoeling.'

Pien nam een grote slok en veegde het schuim van haar lippen. 'Maar...? Dat gaat niet door?'

'Misschien... Nou ja, ik weet het eigenlijk niet.'

'Je weet het niet? Hoe kan dat nou? Jullie bellen verdomme elke dag.'

Mika schoot in de lach. 'Niet élke dag... maar wel vaak. Dat krijg je met tweelingen.'

'Wat heb je elkaar dan allemaal nog te vertellen? Mijn broer belt me een keer per maand. En dan zwijgt hij ook nog eens de helft van de tijd.'

'Niets bijzonders. Gewoon dingen.' Mika viste een pinda uit het bakje op tafel en brak hem open. 'Abby zit daar alleen. Ik wil gewoon graag weten hoe het met haar gaat.'

'Natuurlijk gaat het goed met haar. Jezus, ze woont toch midden in de Marais? En ze werkt bij Isabel Marant. Dé Isabel Marant. Duh, daar wil iedereen toch wel werken? Wat kan er mis zijn?'

'Genoeg, helaas,' zei ze zo neutraal mogelijk. Ze wist dat Pien haar wakend oog over Abby overdreven vond.

'Iedereen heeft shit.' Pien dronk de rest van haar glas in een keer leeg. 'Dat kan je niet vermijden. Het gaat erom hoe je ermee dealt. Toch? Kijk nou naar die jonge gastjes op het veld. Allemaal uit klotebuurten, allemaal problemen in hun familie. Voetbal is hun *way out*. Daar vechten ze voor. Diegenen die ondanks de shit blijven staan, halen de top. Zo simpel is het.'

'Misschien wel.'

'En volgens mij is je zus net zo'n sterke. Die redt zich prima.'

Mika keek naar de bar. Boris stond fanatiek een cocktail te shaken. 'Zal ik wat bitterballen halen? Ik heb honger.'

'Jij hebt altijd honger.' Pien klakte met haar tong. 'En nog steeds zo'n goddelijk lichaam.'

Mika lachte. 'Nou, vertel dat maar aan Alwin, die lijkt dat nog weleens te vergeten.'

'Mannen!' Pien gooide haar handen dramatisch in de lucht. 'Ik zeg het altijd: je kan beter overstappen.'

'Als dat ooit gebeurt, bel ik je.'

Snel liep Mika naar de bar, opgelucht dat ze van onderwerp had kunnen veranderen. Ze maakte zich zorgen om

Abby. Maar ze wist ook dat maar weinig mensen dat zouden begrijpen. Ze bestelde een grote portie bitterballen bij Boris en keek het café rond. Aan de tafel waar haar vader altijd had gezeten, zat nu een oude man, knikkebollend met een opengevouwen krant voor zich. De plek van haar moeder was leeg.

'Een tip...' Een man met gele rookstrepen in zijn snor kwam net te dicht bij haar staan. Ze rook de alcohol in zijn adem. 'Dat joch, die Shiloh 't Zand, van de jeugdopleiding van Feyenoord... Hou hem in de gaten.'

Ze deed een stap naar achter. 'Zeker, en die Emegha bij Sparta ook.'

'Ja, tering, wat een toptalenten hè?'

'En Drakpe natuurlijk, met dat hakje van hem vorige week.'

'Ja mega!' De man gaf een klap op haar schouder. Ze wankelde even. 'Die is ook zo retegoed.'

Boris zette de dampende bitterballen op de bar. 'Marco, oppassen hoor. Voorzichtig doen met haar.'

'Je begrijpt het niet man. Dit is juist een topwijffie. De enige kutjournalist die het doorheeft. En...'

Boris duwde hem wat van de bar weg. 'Ga terug naar je maten kerel, laat haar rustig een biertje drinken.'

'Oké, oké, kalm maar, ik ga al.'

Marco gaf Mika nog een klopje op haar schouder, nu zachter, en stommelde terug naar zijn tafel.

Boris spoot mosterd op het schaaltje. 'Ik begrijp niet hoe je dat doet.'

'Wat?'

'Zo vriendelijk blijven tegen iedereen.'

'Hoort bij het vak. Had ik maar niet met mijn kop op tv moeten komen.'

'Toen je alleen bij de krant werkte, gebeurde het ook al.'

Mika pakte het schaaltje aan en haalde haar schouders op. 'Wat kan ik zeggen? Ik ben wereldberoemd… in Rotterdam dan.'

'Net als je zus. Maar die is dan ook echt wereldberoemd. Althans, in Parijs.' Zijn lach bulderde weer door het café. 'Hoe is het eigenlijk met Abby?'

'Goed. Hartstikke goed.' Ze keek weer naar haar vaders stamtafel. 'Denk ik.'

Boris trok zijn zware wenkbrauwen op. 'Denk je?'

'Ik heb haar al een tijdje niet gesproken.'

'Hoelang dan?' vroeg Boris terwijl hij een paar bier tapte.

Mika zuchtte. 'Zeker al twee dagen.'

'Twee dagen?' Hij stond op het punt weer in lachen uit te barsten, maar beet op zijn lip. 'Dat is voor jullie wel een eeuwigheid.'

Ze was hem dankbaar dat hij er geen grap over maakte. 'Ze zou met kerst bij ons zijn.'

'Zou?' Hij zette vier bier op de bar, die meteen door een groep studenten werden verdeeld. 'Hebben jullie ruzie?'

'Ik weet niet of ze komt.' Mika voelde tranen in haar ogen springen. 'Ik kan haar niet bereiken.'

'Dat is heel vreemd.'

Ze knikte. 'Precies, dat bedoel ik. En…'

'Hé, zijn die bitterballen ondertussen niet ijskoud?' Pien kwam op de bar af. 'Ik heb nu ook wel honger.'

Mika probeerde met een blik Boris duidelijk te maken dat hij niet door moest vragen. Ze had geen zin in nog meer opbeurende woorden van haar vriendin en ze stak het schaaltje naar haar uit. 'Ga maar weer zitten Pien, ik kom eraan.'

Pien draaide zich al om en Mika wilde achter haar aan lopen toen Boris haar arm pakte. 'Toch fijne kerst, lieverd. Abby schuift vast aan. Wedden dat jullie morgen samen aan de kalkoenrollade zitten?'

'Jij ook een goede kerst. Ik zie je in het nieuwe jaar,' probeerde ze opgewekt te klinken. Maar terwijl Mika terugliep dacht ze alleen maar aan Abby, eenzaam in het koude Parijs. Voordat de kerstdagen echt zouden beginnen, moest ze iets bedenken om haar zus te bereiken.

2

PARIJS

Twee dagen eerder, woensdagochtend 21 december

Abby sneed de lelies schuin af en vulde de vaas met lauwwarm water. Al zouden ze waarschijnlijk de kerstdagen niet overleven, ze wilde toch verse bloemen in huis hebben. Ze brachten leven in een verder dode omgeving, zoals haar moeder vroeger altijd zei.

Met haar heup duwde Abby de keukendeur open en liep de eetkamer in. Ze zette de vaas op tafel, maakte een stapeltje van alle kranten en verzamelde haar ontbijtspullen. Sinds ze in Parijs was komen wonen at ze elke ochtend alleen maar wat muesli en fruit. Anders zou ze dichtgroeien met al dat lekkere eten om zich heen. Onbegrijpelijk hoe al die Parisiennes zo slank bleven, terwijl ze vaak twee keer per dag uit eten gingen.

In de keuken ruimde ze de afwasmachine in en zette koffie. Toen ze de melkschuimer uit een bovenkastje wilde pakken hield ze ineens een handgreep in haar hand.

'Nee hè, niet weer,' zei ze hardop, terwijl ze moest lachen.

Ze had Marcel de conciërge al tien keer gevraagd de keukenkastjes te komen repareren, maar zonder resultaat. De brave man kwam elke keer als ze aan het werk was wel naar haar keuken kijken, constateerde wat het probleem was, en deed vervolgens niets.

Met een klap duwde ze het handvat weer terug. Het kon haar ook eigenlijk allemaal weinig schelen. Ze keek de keuken rond. Het zestig jaar oude marmeren aanrecht, de twee grote ramen met witte luiken, de krakende houten vloer en het grote gasfornuis. Alles was perfect in zijn vervallen charme. Zolang ze hier maar kon blijven wonen, wist ze dat ze alle andere ongemakken kon verdragen.

Met haar cappuccino in de hand liep ze door de gang naar de zitkamer. En terwijl ze haar koffie dronk, maakte ze zich op voor de spiegel boven de schouw. Een dun lijntje boven haar wimpers, zwarte mascara en een beetje gloss op haar lippen. Met een grote clip stak ze haar lange haren op en daarna pakte ze haar zwarte coltrui die over de stoel hing.

Op kantoor liep iedereen er zo casual bij. Toen ze net begon was ze nog even bang dat ze alleen met opgedirkte modepopjes zou werken, maar gelukkig bleek boho-chic de norm. Ook voor Isabel Marant zelf trouwens. Hoewel zij altijd als 'het voorbeeld van de Franse *je-ne-sais-quoi*-stijl' werd omschreven, verschilde dat in de praktijk niet veel.

Abby pakte net haar tas toen de deurbel klonk. Ze keek op haar horloge. Bijna negen uur, eigenlijk was ze al te laat. Hopelijk was het alleen een pakketje, voor iets anders had ze echt geen tijd. Met haar tas onder de arm liep ze naar de voordeur.

'*Excusez moi*,' klonk al toen ze opendeed. '*Je sais qu'il est encore tôt, mais…*'

Ze deed meteen een stap naar achter. Daar stond haar buurman. Hij had de mooiste glimlach die ze ooit had gezien, maar hij was ook getrouwd. En dus *off limits*. Hij had zich weleens aan haar voorgesteld, maar ze was zijn naam direct vergeten.

'O, hallo, geen probleem,' antwoordde ze in het Engels. Waarom ging ze op het Engels over? 'Ik ben al wakker.'

Hij lachte. 'Dat zie ik…'

Even keken ze elkaar zwijgend aan. Die ogen! Ze voelde het bloed naar haar wangen schieten. Toen sloeg hij zijn blik neer en keek naar het doosje in zijn handen.

'Deze was verkeerd bezorgd. Abby Erikson,' las hij voor. 'Dat ben jij toch?'

'Klopt, dank je.' Ze pakte het pakketje aan. 'Dat zal wel van mijn zus zijn. Die denkt altijd dat ik niet goed voor mezelf zorg. Stuurt ze eten op. Of een fijn boek. Nu met kerst zal het wel thee zijn. Of een geurkaars. Lief hoor… Sorry, ik ratel maar door. Ik moet eigenlijk naar mijn werk. Maar *merci*, nogmaals.'

Zijn rechtermondhoek trok licht spottend omhoog. 'Ja, natuurlijk. Je moet naar je werk. Ik ook trouwens.'

Hij draaide zich om en liep weg.

Abby wilde de deur dichtdoen toen ze haar naam hoorde. Ze keek op en zag hem midden in de gang staan.

'Ja, Abby, ik zat te denken... Misschien een rare vraag, maar heb je zin in een glas wijn vanavond?'

De vraag overrompelde haar zo dat ze meteen ja zei.

'Mooi zo. Ik ben alleen, mijn gezin zit nog in de bergen. Ik eet eerst even wat met een vriend. Zal ik je appen als ik thuis ben?'

'Prima,' zei ze zo nonchalant mogelijk. 'Ik heb nog een kerstborrel op het werk, maar dat duurt niet zo lang.'

'Perfect, tot later dan.'

Abby zwaaide, deed de deur dicht en leunde tegen de achterkant.

'Weird,' zei ze hardop. Wat was hier nou gebeurd? Had hij haar voor een date gevraagd? Of deden ze dat gewoon zo in Parijs, af en toe een wijntje drinken bij je buren?

Ze lachte. Wat het ook was, het idee dat ze hem beter zou leren kennen was sowieso niet verkeerd. En of het een date was bepaalde ze zelf wel. Het pakketje legde ze ongeopend op het dressoir en ze pakte haar donzen lange jas van de kapstok. Al een paar dagen was het ijskoud en al was het slechts een kwartier fietsen naar Rue Croix-Des-Petits-Champs, ze had geen zin om bevroren aan te komen.

Met een dikke sjaal om en haar handschoenen al aan liep ze naar de lift. Opeens was ze zich bewust van de grote houten deur van het appartement van de buurman.

Wat speelde zich daar eigenlijk af? Hij woonde daar met zijn zoontje en zijn vrouw. Ze zag hem vaak met het jongetje, dan gingen ze buiten voetballen. Of ze vertrokken samen op een stepje naar Place des Vosges. Een knus gezicht, zo'n grote vent die beschermend over zijn zoontje hing.

Maar zijn vrouw was altijd alleen. Abby had het stel de afgelopen maanden nooit samen op straat gezien. Of met zijn tweeën door de muur horen lachen. Misschien waren ze wel gelukkig samen, maar zo zag het er van een afstand niet uit. Al wist ze zelf maar al te goed dat je nooit van een afstand kon inschatten hoe een huwelijk er vanbinnen uitzag.

Met veel gekraak stopte het gietijzeren liftje voor haar neus. Net toen ze wilde instappen, kwam Gilbert, de buurman die aan het eind van de gang woonde, uit de lift naar buiten.

'Ha, *la plus belle* van de buurt. Heb ik even geluk.' Met een loom gebaar duwde hij zijn zwarte lok van zijn voorhoofd. 'Alvast fijne kerst, *ma chérie*.'

Abby bedacht dat hij ongetwijfeld zijn haren verfde en moest lachen.

'Vier je geen kerst dan?' vroeg haar buurman vertwijfeld.

'Natuurlijk wel, sorry. Voor jou en je gezin ook een *joyeux Noël*. Blijven jullie in Parijs?'

Hij deed een stap dichterbij. 'Nee, morgen vertrekken we naar *la campagne*. Bij mijn schoonouders. Je kent het wel, vervelende familie, te veel eten en veel te veel wijn ook.'

'Ik geniet eigenlijk altijd wel van kerst. En van mijn familie. Ik ga ook even terug naar Nederland.'

'Ah, *c'est dommage*.'

Hij knoopte de kraag van zijn wollen grijze jas open. Zijn overhemd was verkreukeld. Ze zag lipstick in zijn nek zitten. Wat een cliché was deze man, dacht ze.

'Sorry Gilbert, ik moet gaan.'

De liftdeur schoof opnieuw open, maar hij bleef zo dicht bij haar staan dat ze even bang was dat hij ook weer zou instappen. Maar ineens blies hij haar een handkus toe en draaide zich om.

Snel drukte ze op de parterreknop.

'Wat een creep,' zei ze tegen zichzelf in de spiegelwand. Ze was de charme van de Franse mannen onverwacht erg gaan waarderen. De complimentjes, de open deuren en bloemen na een afspraak maakten het dagelijkse leven echt leuker. Maar de arrogantie van sommige Parijzenaars bleef stuitend.

Beneden in de hal zag ze Marcel niet zitten, en ze had geen tijd meer om hem ergens in het gebouw te gaan zoeken. Dat keukenkastje kwam later wel.

Ze pakte haar fiets uit het rek. Via de stoep reed ze de Rue des Minimes op en ontweek een voorbijschietende scooter. Als ze heel snel was kon ze nog een fles wijn scoren bij de traiteur om de hoek. Anders had ze vanavond echt helemaal niets in huis. Alleen al de gedachte aan het moment dat haar buurman weer zou aanbellen maakte haar onrustig, merkte ze. Vanzelfsprekend moest ze niets bijzonders aantrekken of haar haren föhnen, dat deden haar vriendinnen hier ook niet. Die zagen eruit alsof ze net uit bed kwamen, al waren ze die ochtend nog bij de kapper geweest.

Ze schakelde door naar een zwaardere versnelling. De ijzige wind benam haar bijna de adem. Dat voor vanavond sneeuw was voorspeld, verbaasde haar niets. Een witte kerst was in Parijs normaal heel zeldzaam, maar nu met die vrieskou leek het bijna onvermijdelijk.

Vlak voor ze bij de hoek van Rue de Turenne kwam, dacht ze ineens dat ze Richard zag, op een terras, achter een viezig windscherm. Dat lange, brede lichaam dat licht voorovergebogen een sigaret rookte. In een reflex rukte ze haar stuur naar rechts. Haar voet gleed bijna van de trapper en ze kon zich nog net corrigeren. Een taxi toeterde en ze schoot terug naar de zijkant van de straat.

Natuurlijk was hij het niet, sprak ze zichzelf toe en ze trapte snel door. Richard rookte al tien jaar niet meer en hij woonde gewoon in Vlaardingen, met Saskia. Hij had waarschijnlijk niet eens geld om deze kant op te komen. Laat staan dat hij zin had in een romantisch uitje. Nee, zijn leven was nu daar en dat van haar hier.

Ze draaide Rue de Turenne in en passeerde de lange rij voor Boulangerie Julien, die alleen op woensdag zijn beroemde *tarte au citron* verkocht. Het was nu extra druk, zo vlak voor de kerst. Geroutineerd zwenkte ze uit naar de andere stoep en fietste rakelings langs de zandstenen herenhuizen met gietijzeren balkonnetjes waar je nog niet eens een stoel op kon zetten. In de verte zag ze het bankje waar vaak een oude vrouw zat die bij gebrek aan gezelschap met de duiven aan haar voeten praatte.

Dit was nu haar wereld, besefte ze weer. En als ze eerlijk was, voelde ze zich hier al meer thuis dan de laatste nare jaren in Rotterdam. Misschien werd ze binnenkort wel als een authentieke Parisienne volledig opgeslokt door deze overweldigende stad. Een gedachte die met de dag aantrekkelijker werd.

3

ROTTERDAM

Zaterdagmiddag 24 december

Mika schopte haar schoenen uit en legde haar laptop op tafel. Van achter de keukendeur stoof Stan de hoek om en sprong tegen haar op. Hij likte haar gezicht.

'Ach lieve hond, heb je me een beetje gemist?' Ze ging door haar knieën, stak haar neus in de zachte haren achter zijn oren en snoof. Gelukkig rook hun spaniël nog steeds als een puppy. 'Waar zijn de rest van de jongens?'

Nu hoorde ze zwaardere voetstappen de trap af komen. Met een dienblad vol vieze borden kwam Alwin de keuken in lopen. 'Hé schat, ben je al terug?'

'Heb je met de jongens boven geluncht?'

'Schuldig.' Hij zette het blad op het aanrecht. 'Zodra jij in het weekend de deur uit gaat, willen ze met mij FIFA spelen en ik...'

Ze gaf hem een kus op zijn wang. 'Lieverd, dat weet ik

toch. En dat maakt mij natuurlijk niets uit. Hadden jullie een lekker dagje?'

'Heel relaxed. Ze maken boven nog even een game af. Hoe was jouw wedstrijd? Weer verloren hè? Dat Linssen die kans kon missen...'

'Ik weet het. Slot ging in het interview ook diep door het stof. Ik heb het stuk meteen naar de redactie doorgestuurd.'

'Dan heb je nu echt vakantie.' Hij pakte Mika bij haar middel en trok haar naar zich toe. Ze rook dat hij net had gedoucht. 'Moeten we nog iets van boodschappen doen? Had je de garnalen al bij Den Haan opgehaald?'

'Vanochtend vroeg. Alles staat klaar in de ijskast.'

Alwin gaf een kus in haar hals, liet haar los en zette de waterkoker aan. 'Mooi zo, zullen we morgen dan rond één uur vertrekken? Zo net na de lunch, dan zijn we ruim voor de thee in Grou. En hebben we alle tijd om het diner voor te bereiden. Heeft mijn moeder ook niets te zeuren en...'

'Ik ga niet mee.'

'Wat?' Alwin draaide zich in een keer om. Zijn donkere wenkbrauwen waren tot een streep samengetrokken. 'Je hebt toch geen dienst?'

Ze schudde haar hoofd. 'Nee, maar ik kan geen kerst vieren zonder...'

'Zonder je zus?' onderbrak hij haar. 'Jezus Miek, je bent haar moeder niet.'

'Nee, natuurlijk niet, maar...'

'Verdomme Mika, als Abby niet wil komen, moet ze dat toch zelf weten!' Hij reageerde nog bozer dan ze al had gevreesd. 'Ze zal wel een goede reden hebben om niet te antwoorden op al je berichtjes. Die wil ook gewoon eens een lekkere anonieme kerst. Zonder haar zus. Misschien heeft ze wel een minnaar. Ligt ze ergens in een krakend Frans bed. Nou, het is haar gegund.'

'Wat doe je vervelend.'

'Ik?'

Ze liep naar de ijskast en pakte een blikje cola. 'Ja, jij. Je weet hoe close we zijn. En ik heb al sinds woensdagmiddag niets meer van haar gehoord.'

'Niet te geloven dit.' Alwin greep naar zijn hoofd. 'Wat wil je dan doen? Hier in je eentje wachten tot ze komt opdagen?'

'Nee, dat niet.'

'Gelukkig maar, even dacht ik dat je echt doordraaide.' Hij schonk het warme water in de theepot. 'Kom nou gewoon mee, net als elk jaar. En...'

'Ik ga zo naar Parijs.'

'Parijs? Au, fuck.' Hij sprong achteruit.

'Wat doe je?'

'Heet water op mijn hand,' zei hij zonder haar aan te kijken.

Onmiddellijk draaide Mika de koude kraan helemaal open. 'Kom hier, snel koelen.'

Terwijl ze zijn vingers onder het stromende water stevig vasthield, legde ze uit waarom ze een ticket voor de Thalys had geboekt. 'Haar telefoon gaat meteen over op voicemail. Alsof hij niet is opgeladen of continu helemaal uitstaat. Ze heeft al twee dagen WhatsApp niet geopend en ze post niets meer op sociale media.'

'Heeft ze misschien iets met haar werk?' vroeg Alwin nu kalmer. 'Een seminar of zo waarbij telefoons verboden zijn.'

Mika depte voorzichtig zijn hand. 'Ik heb haar baas gesproken. Die Eric, weet je wel? Die heb je de vorige keer ook ontmoet.'

'Was die niet net gescheiden?'

'Geen idee, maar hij zei in ieder geval dat Abby woensdag wel op de kerstborrel was geweest, maar best vroeg was weggegaan. En dat ze die donderdag al vrij had genomen.'

'Oei, het begint weer heel erg te branden.'

Ze draaide de koude kraan opnieuw open. 'Nou ja, in ieder geval is er dus niets met haar werk.'

'Je maakt je echt zorgen hè?'

Ze knikte en streelde zacht over zijn hand. 'Ik weet zeker dat als er iets leuks of juist iets vervelends was gebeurd, ze dat had verteld. Zo'n lange radiostilte hebben we echt nog nooit eerder gehad. En dan zo vlak voor kerst.'

'Wat was haar laatste berichtje?'

'Dat ze die woensdagavond nog een afspraak had, maar dat ze niet wist of het een date was.'

Alwin glimlachte nu. 'Zie je wel schat, toch een man… schreef ze met wie?'

'Nee, alleen dat het wat gecompliceerd lag en dat ze me het met kerst wel zou uitleggen.'

Nu keken ze allebei naar het stromende water. Alwins duim werd steeds roder.

'Sorry dat ik net zo uitviel,' zei hij uiteindelijk. 'Ik begrijp dat je er heen wil, maar ik had gewoon zo'n zin om even samen te zijn.'

'Dat wil ik ook. Het is zo'n drukke tijd geweest. Maar Abby is alleen. Ik moet checken of alles wel goed is.'

'Dat weet ik toch.' Hij gaf haar een kus op haar kruin. 'Ga. Maar als ze de deur van haar appartement opendoet en het blijkt dat haar telefoon gewoon kapot was of zo, grijp je haar arm en kom je linea recta terug naar huis.'

'Beloofd.'

Hij draaide de kraan dicht. 'Zal ik je dan naar het station brengen?'

'Wie ga je naar het station brengen?' Sep kwam de keuken in rennen, met Dennis vlak achter hem aan. Het leek wel alsof ze elke dag meer op elkaar gingen lijken. Vorige maand hadden ze expres Dennis' haren wat korter geknipt om het de juf wat makkelijker te maken. 'Mogen we mee?'

'Nee, jullie moeten Stan uitlaten. Ik ben zo terug,' legde Alwin uit. 'Mama gaat tante Abby ophalen in Parijs.'

'Zodat ze er morgen met kerst bij kan zijn?' vroeg Dennis terwijl hij de koektrommel openwipte. 'Willen jullie ook?'

Alwin knikte. 'Precies, dus morgen is mama waarschijnlijk gewoon weer thuis.'

'Wil je dan voetbalkaartjes meenemen?' vroeg Sep.

Dennis greep snel nog een speculaasje. 'Hebben ze die ook in Parijs?'

'Vast.' Mika pakte haar beide zonen vast en gaf ze tegelijk een knuffel. 'Ik beloof dat de kerstman een shirtje van Paris Saint-Germain voor jullie zal meenemen.'

'Die blauwe? Cool!'

Ze zag dat Alwin hen van afstand observeerde en ze gaf hem een knipoog. 'En misschien heeft hij er voor papa wel een van Olympique Marseille.'

4

PARIJS

Drie dagen eerder, woensdagmiddag 21 december

'Abby?'

Ze keek op en zag nu pas dat haar baas aan haar bureau stond, zijn armen vol met glanzende zwarte dozen.

'O Eric, sorry.' Ze pakte de dozen aan en zette ze naast zich neer. 'Ik had je niet zien aankomen. Zijn dit de laatste kerstgeschenken?'

Hij knikte. 'Deze lading moet nog naar Beijing. Niet dat ze daar kerst vieren. Maar goed, pr-technisch is het wel zo handig. Maar *merde*, ik stond hier al minutenlang. Waar was je in godsnaam met je gedachten?'

'Kerstcadeaus,' zei ze snel. 'Ik moet er nog duizend kopen. Wat een gedoe is dat toch.'

'Ja, ja. Dat moet ik geloven.' Eric boog zich voorover en draaide haar laptop naar zich toe. 'Wie ga je dan deze *gorgeous* zijden blouse van ons geven?'

Ze schoot in de lach. 'Eerlijk?'

'Graag!'

'Ik heb een date.'

'Niet waar, vertel.' Eric ging op de rand van het bureau zitten, zijn dunne benen als een sprinkhaan onhandig over elkaar gevouwen. 'Ken ik hem?'

Abby schudde haar hoofd. 'Ik ook eigenlijk niet.'

'O een blind date. *I love blind dates.*'

'Dat is het ook weer niet.'

'Nou, *whatever*. Jij je ding. Het gaat er nu om… wat doe je aan?'

'Precies.'

Eric zette zijn donkere montuur verder op zijn neus en liet zijn blik over haar heen glijden. 'Goede spijkerboek, die kun je aanhouden. Daar komen je billen heel mooi in uit.'

'Ik geloof niet dat hij…'

'Natuurlijk wel!' onderbrak Eric haar meteen. 'Alle mannen kijken direct naar je kont. En ik kan het weten. Die blouse moet je zeker doen, trouwens. Maar dan wel een extra knoopje open.'

'Is dat niet een beetje té?'

Eric knipte met zijn vingers. 'Ai, ai. Jullie noorderlingen weten ook echt niet wat verleiden is. Je hebt een fantastisch decolleté. Dat moet je laten zien. En vergeet niet… altijd een zwarte beha onder een witte blouse. Die schijnt dan heel subtiel door. Precies suggestief genoeg.'

'Oké, duidelijk. Schoenen?'

'Ach, dat maakt niet zo veel uit. Laarzen, witte gympen, killerheels, alles is goed. Maar nooit, echt nooit van die laffe, halve hakjes. Het is óf hoog, óf laag.'

'Deze?' Ze stak een been in de lucht. Haar korte cowboylaarzen kwamen net boven de rand van haar bureau uit.

'Goede schuine hak, perfect nonchalant. Ja, doen.' Hij stak zijn duim op. De rij armbanden rinkelde mee. 'En op je eerste afspraak natuurlijk nooit make-up dragen. Lipstick is helemaal taboe. Je wil hem niet het idee geven dat je je heel druk hebt gemaakt voor de date. Gelukkig gebruik je sowieso al weinig smeersels. Ik haat vrouwen die zich dicht plamuren. Zo niet chic.'

Ze schoot weer in de lach. 'Best een uitgebreide *code of conduct*. En ik maar denken dat Parisiennes onverschillig waren.'

'Pff, wie heeft je dat wijsgemaakt?' Eric gleed van het bureau. 'Kom je zo beneden in de hal nog wel een *vin chaud* drinken? Isabelle waardeert het als we er allemaal zijn.'

'Natuurlijk. Alle tijd nog voor een borrel. Hij komt toch wat later.'

'Olala, ook nog een *late night date*,' zei Eric terwijl hij naar de deur liep. Vlak voor de gang draaide hij zich om. 'Niet vergeten hè. Seks op je eerste date kan hier in Parijs. *Aucun problème*. Maar echt *never ever* blijft hij voor het ontbijt.'

'Genoteerd,' zei Abby nog net voordat Eric uit beeld verdween. Maar ze wist dat het zover niet zou komen. Deze vent was getrouwd en ze deed het niet met getrouwde mannen. Ze was zelf te veel verneukt om dat andere vrouwen aan te kunnen doen. Zelfs niet hier in Parijs. Ze had hier de afgelopen maanden af en toe heerlijke seks gehad, met ervaren minnaars. Maar daar had ze het wel altijd bij gelaten. Aan een relatie was ze nog lang niet toe. Al had haar therapeut Marijke gezegd dat ze zich dat vooral zelf wijsmaakte.

Abby sloot haar mail af en pakte haar telefoon uit haar tas. Normaal zou ze rond deze tijd even Mika bellen, maar nu stuurde ze haar alleen een appje. Best laf, maar ze had geen zin om uit te leggen dat ze een date had met een getrouwde man, wiens naam ze niet eens wist. Eigenlijk wist ze niet eens zeker of het wel een date was. Mika zou het meteen afraden en ze had geen zin om haar zus ervan te overtuigen dat het toch een goed idee was. Vooral omdat ze er zelf ook nog over twijfelde.

Ze wist wel zeker dat dit precies was waarvoor ze naar Parijs was gekomen. Natuurlijk, ze was hier ook voor het werk. Wie kon nee zeggen tegen een toonaangevende marketingbaan in het hart van de modewereld? Maar de aantrekkingskracht van het onbekende, dat was wat ze wilde. Het gevoel dat je nooit zeker wist wat er morgen ging gebeuren. Dat je leven elke dag honderdtachtig graden kon draaien.

'Kom je nog?' Eric hing weer in de deuropening. Nu met een felrode sjaal met kerstmannen om zijn tengere nek geslagen. 'Ze hebben *pièces salées* van Zeste. Te lekker.'

'Wie wil dat nou missen?'

Abby pakte haar tas en deed de bureaulamp uit. De straatlantaarns wierpen een gelig licht naar binnen, alsof het feest al was begonnen. Ze had echt zin in vanavond. Zo anders dan toen ze hier aankwam en niet aan uitgaan moest denken. Toen leefde ze echt onder de oppervlakte. Het leven trok aan haar voorbij, maar het lukte niet om er echt aan deel te nemen. Feesten, vergaderingen, diners: ze was er wel, maar mensen leken onbereikbaar te blijven. Waarschijnlijk was het een soort beschermingsmechanisme, om niet weer gekwetst te worden. Nu voelde het alsof ze eindelijk weer lucht kreeg, en de waas langzaam uit haar hoofd verdween.

Ze stak haar arm door die van Eric. 'Kom maar op… *Bonne nuit, Paris*.'

'Ah, *ma petite amie hollandaise*.' Eric kuste haar op de wang. 'Je hebt nog geen idee wat hier allemaal kan gebeuren. *Aucune idée*.'

5

PARIJS

Zaterdagavond 24 december

‘Zal ik u even helpen?’ Zonder op antwoord te wachten pakte de man die de hele reis snurkend tegenover haar had gezeten haar koffer uit het rek. ‘Die voelt licht. Blijft u niet zo lang in Parijs?’

Mika wilde de koffer het liefst uit zijn handen trekken. Waar bemoeide hij zich mee? Ja, ze ging maar kort, want ze wilde zo snel mogelijk haar zus vinden. Bovendien, ze kon prima zelf haar bagage dragen. Maar ze dacht aan wat Abby had gezegd over Franse mannen. Dat ze zich inderdaad vaak macho gedroegen, maar dat hun charme zichtbaar werd als je ze hun gang liet gaan. En dat dat ook als geëmancipeerde vrouw gewoon best lekker kon zijn.

‘*Merci et bonne nuit de Noël*,’ zei ze daarom vriendelijk.

De man liet haar voorgaan en volgde met haar koffer. ‘Ja, kerstavond. U zult zien, Parijs kan dan magisch zijn.’

'Ik ben benieuwd.' Ze stapte het perron op, waar de kou in haar gezicht sloeg. 'En nogmaals veel dank.'

De man die bijna net zo klein was als zijzelf overhandigde haar de koffer. 'Als u tijd heeft, misschien ergens tussendoor, dan moet u echt naar L'église Saint-Paul-Saint-Louis gaan. Die kerk ligt in de Marais. Ze hebben daar zo'n prachtige kerstmis. Met levende dieren in de stal en een prachtig koor.'

Ze kon zeggen dat die kerk om de hoek bij haar zus was. Dat ze er zelf nog nooit binnen was geweest, maar dat haar zus wel vaak had gezegd dat ze moest komen kijken. Omdat er zo'n bijzonder schilderij van Delacroix zou hangen. Maar ze knikte alleen. 'Fijne avond nog.'

De man knikte terug, deed zijn kraag omhoog en in zijn dikke jas gedoken snelde hij de stationshal in.

Mika bleef staan en liet de mensen om haar heen voorbijgaan. Perron 8, midden in de grote hal met zijn beroemde gietijzeren kolommen en het gedempte geroezemoes van passagiers. Uit een helverlichte kiosk kwamen slierten mechanische kerstmuziek en ze rook geroosterde kastanjes vermengd met een zweem van vuilnis, die bij elke stad leek te horen.

Het was dat de grote stationsklok aangaf dat het pas half zeven was, anders had het voor haar gevoel ook twaalf uur 's nachts kunnen zijn. Het idee van tijd was ze tijdens de treinreis totaal verloren. Zo zonder de maan leek de duisternis eerder begonnen te zijn. Alleen het laagje sneeuw dat vanaf Lille het landschap had bedekt, reflecteerde nog wat licht. Voor de rest had ze voor haar gevoel urenlang in een donker gat gestaard.

'Madame.' Een jongen van nog geen twintig wenkte haar. 'Taxi?'

Mika schudde haar hoofd en begon te lopen. Nu pas zag ze dat Gare du Nord deels in de steigers stond. Op spandoeken stond te lezen dat de voorbereidingen voor de zomerspelen van 2024 in Parijs in volle gang waren. Abby had al gezegd dat ze tegen die tijd ook moest komen.

'Misschien kan je dan verslag doen van het vrouwenvoetbal,' had ze voorgesteld. 'En dan zorg ik dat Isabel een mooi *side event* sponsort. De zusters Erikson eindelijk samen aan het werk. Hoe cool zou dat zijn?'

Abby was altijd bezig, elke dag had ze weer nieuwe ideeen. Die energie schrok Mika weleens af. Ze leek zelf eerder beren op de weg te zien. Zeker na dat afschuwelijke jaar. Maar daarom konden ze het wel heel goed samen vinden. Yin en yang, zei Abby altijd.

Mika zuchtte. Wat zou het fijn zijn om haar eindelijk weer te zien en vast te kunnen houden. Ze rolde haar koffer voor zich uit en liep in de richting van de taxi's. Ze had ook de metro kunnen nemen, maar dan moest ze overstappen op Place de la République en dat zou nog langer duren. Nu voelde ze eigenlijk pas hoe moe ze was. En hongerig. Hopelijk konden ze nog ergens een tentje vinden om te eten.

Voor het station stond een lange rij taxi's, waarvan de eerste drie chauffeurs naast hun auto's stonden te praten.

Dwars over de stoep liep een smal geveegd paadje naar het begin van de taxistandplaats, maar Mika was blij dat ze toch haar wandelschoenen aan had gedaan. Een dun laagje ijzel had de tegels spiegelglad gemaakt. Ze zwaaide naar de chauffeurs en zonder haar aan te kijken kwam er een verveeld in beweging. Hij gooide de achterbak open en liet haar zelf de koffer erin tillen.

'Rue de Minimes nummer 14,' zei ze meteen toen ze instapte. 'Dat is om de hoek bij Place des Vosges en het Picassomuseum, en...'

'Ik weet waar dat is.'

Als ze haar best had gedaan had ze misschien een praatje kunnen beginnen, maar ze vond de botheid eigenlijk ook wel prettig. Nu kon ze zich concentreren op de stad waar ze lang niet was geweest. Ze had Abby wel geholpen met de verhuizing, maar was daarna niet meer in Parijs geweest. Natuurlijk was er altijd een reden om niet te gaan. Sport, school, de jongens. Maar nu ze de Boulevard de Magenta op reden besefte Mika weer dat er altijd meer redenen waren om wel te gaan.

Parijs zette al je zintuigen op scherp. In gedachten kon Mika de beurre-blancsaus bijna weer proeven die ze hadden gegeten toen ze de eerste keer met hun ouders in Parijs waren. Vanaf dat moment waren ze allebei verliefd geweest op de stad, de taal en het eten.

Nu kwamen ze langs het hippe tiende arrondissement, dat door de sneeuw volkomen witgeverfd leek. De straten waren schoongeveegd, maar het was zo koud dat het verder overal was blijven liggen. Op elke plataan, lege terrasstoel, smeedijzeren hek en bevroren fontein lag een dun laagje witte poeder, precies de rouwranden van de wijk bedekkend. Ze zag geen zwervers, politie, hangjongeren of vuilnis op straat. Het was alsof Parijs speciaal voor het kerstdiner zijn beste kleren had aangetrokken.

Ze checkte haar telefoon. Nog steeds geen bericht van Abby. Wat had ze dan ook verwacht? Ergens hoopte ze dat Abby er inderdaad met een charmante Fransoos vandoor was gegaan en ze op een verlaten plek, verzonken in hun liefdesnestje, de buitenwereld waren vergeten. Maar dat klonk toch niet als iets wat haar zus snel zou doen. Abby hield dan wel van de belofte van het onverwachte, maar ze was niet impulsief.

Alle andere scenario's waren te ernstig om überhaupt over na te kunnen denken. Mika's buik kneep samen. Gevallen en bewusteloos in haar appartement, een fietsongeluk en in coma in een ziekenhuis, een...

'Nee, nee, niet doen,' fluisterde ze tegen zichzelf. Hoe moeilijk het ook was om – na alles wat er was gebeurd – niet van het slechtste uit te gaan. Ze veegde met haar mouw het beslagen autoraam schoon en zag dat ze voorbij het Picassomuseum reden. Het Hôtel Salé was nu gesloten en de lange rijen voor de ingang ontbraken, maar de banner voor een expositie over Picasso's blauwe periode was helder verlicht. Abby had nog zo gezegd dat ze die echt moest komen bekijken.

'Lieve Abby, ik kom er nu wel aan,' fluisterde Mika weer.

Ze had Alwin beloofd om te blijven vertrouwen op een doodnormale afloop. Een simpel misverstand, een kapotte telefoon of een bewuste radiostilte omdat Abby daar even behoefte aan had.

Veilig in Parijs. Mis jullie. Bijna bij Abby. App je later, appte Mika hem gehaast toen ze Rue de Minimes in reden. Haar hartslag versnelde. De groenteboer met gesloten luiken, Abby's favoriete bakker, het nieuwe eettentje waar een stel buiten stond te roken, het huis kwam steeds dichterbij. Nummer 26, 20, 16...

'Ja, hier is het,' zei ze en ze schoot omhoog. 'Hier, bij die groene deur.'

Abrupt trapte de chauffeur op zijn rem, maar de taxi schoof iets door over het ijs en raakte een stoeprand.

'Merde,' riep hij uit en keek haar via de spiegel boos aan. 'Waarom zegt u dat ook zo laat?'

Vlug gaf Mika hem veertig euro, meer dan acht euro fooi, maar ze wilde geen discussie. Ze stapte zonder hem te bedanken uit en trok zelf weer haar koffer uit de achterbak.

Met wegslippende banden trok de taxi op zodat Mika alleen achterbleef in de stille straat. Een ijskoude windvlaag sneed in haar hals. Ze dook dieper in haar sjaal en twijfelde of ze zou opkijken. Wat nou als ze geen licht op de vierde verdieping zag branden?

Geloof dat alles goed is, zei ze in gedachten opnieuw tegen zichzelf en ze keek toch omhoog.

En daar bij Abby's slaapkamerraam, achter de witte

gordijnen die ze samen hadden opgehangen, scheen een flauw licht. Mika zuchtte. De spanning zakte meteen uit haar schouders. Haar zusje was inderdaad gewoon thuis. En ze zou haar over een minuut gewoon een fijne kerst kunnen wensen.

6

PARIJS

Woensdagavond 21 december

Hij rolde haar om. Zijn vingers volgden de lijnen van haar lichaam. Zijn tong gleed er traag achteraan. Haar huid begon te gloeien.

Ze wilde bewegen, hem naar zich toe trekken, maar hij duwde haar dieper in het matras.

'Stil blijven liggen… alsjeblieft,' fluisterde hij in haar oor. 'Ik wil van je hele lijf kunnen genieten. Van elke vierkante millimeter.'

Abby sloot haar ogen.

Hij kuste haar nek, borsten, beet in haar tepels. Ze kreunde.

Wat gebeurde hier vanavond? Nog maar een paar uur geleden had ze de deur voor hem opengedaan, een glas wijn ingeschonken, en hem aangekeken. Meteen was de lucht elektrisch geladen geweest. Ze had nauwelijks geluisterd naar wat hij vertelde, ze had alleen kunnen letten op zijn lichaam, handen en stem. Na een half uur had hij haar voorzichtig gezoend en vanaf dat moment hadden ze elkaar niet meer losgelaten.

Nu wilde ze hem diep in haar voelen, maar dit gedwongen wachten was ook opwindend. Het leek alsof de tijd vertraagde en zijn handen steeds langzamer bewogen. Ze kon geen onderscheid meer maken tussen de verschillende delen van haar lichaam, hij kon overal zijn. Haar lijf leek in brand te staan. Ze opende haar benen en hoopte dat zijn tong een weg naar binnen zou vinden, maar hij stopte abrupt.

'*Mon Dieu*... wat ben je mooi.' Zijn stem klonk hees en ze keek op. Hij hing vlak boven haar, volkomen naakt en zichtbaar opgewonden. 'Kijk nou naar je... *ma déesse*. Mijn godin.'

'Please...' Het bloed racete door haar lijf. Ze kneep in zijn billen en trok hem naar zich toe. 'Kom in me.'

'Nog niet.'

Hij draaide zich los, pakte haar handen stevig vast en duwde haar armen uit elkaar, omhoog. Met zijn das en haar sjaal bond hij haar polsen aan de ijzeren spijlen vast. 'Ik bepaal wanneer je wat krijgt.'

De spanning leek door haar lichaam te golven. Die diepe stem, die dwingende toon. Nu streelde alleen zijn tong haar huid. Hij begon in haar hals, zijn lippen zacht en warm. Zijn adem kietelde de haartjes in haar nek. Tergend langzaam gleed hij naar beneden. Zijn mond bleef vlak boven haar dijen hangen en hij blies over haar huid. Ze voelde het bloed stuwen.

'Neem me. Please… Ik wil je voelen.'

Hij glimlachte. 'Nog heel even.'

Zacht beet hij in haar lippen, bewoog er ritmisch met zijn mond overheen en duwde hard twee vingers naar binnen. Haar buik kneep samen. Ze hapte naar adem, kreunde en kronkelde onder zijn dwingende ritme.

Twee keer liet hij haar komen voordat hij bij haar naar binnen gleed. Al na een paar stoten kwam hij met een luide kreun – die ook een wanhoopskreet kon zijn – schokkend in haar klaar.

Nahijgend bleef hij tegen haar aan liggen. Haar kamer was warm, maar door de kieren rond het oude kozijn waaide af en toe ijskoude lucht naar binnen. Ze rilde. Hij trok het dekbed iets verder over haar heen.

'Ik zorg dat je honderdtien wordt,' fluisterde hij in haar oor. 'En dan heb ik nog niet genoeg tijd om van je te kunnen genieten.'

'Is tachtig ook goed?'

'Nee…' Hij streelde haar borst en maakte een hand los. 'Alles is zo perfect aan je. Dit mag niet verloren gaan.'

'Ik ben niet perfect.' Ze aaide over zijn buik, kneep in een vetrolletje. 'En jij ook niet.'

Hij lachte. 'Dat bepaal ik zelf wel.'

'Perfectionisme brengt alleen maar ellende.'

'Misschien heb je overdag gelijk, maar vanavond niet.'

Hij maakte nu ook haar andere hand los en ze ging boven op hem liggen.

‘Niet bewegen,’ zei ze in zijn oor. ‘Heel even, heel stil blijven liggen, alleen maar samen voelen.’

Zijn huid gloeide. Haar adem volgde zijn adem, zijn zweet werd haar zweet. Het leek alsof hun vel van lichaam wisselde. Alsof ze voelde wat hij voelde. De energie stroomde steeds sneller door hen heen en ze werden één lichaam. Zijn armen waren nu ook die van haar. De spanning in zijn benen raakte haar spieren.

Hij begon zwaarder te ademen en woelde door haar haren. ‘Mijn god, ik wist niet dat dit nog kon. Je bent zo dichtbij. *Si intime*.’

‘Ja, bizar vertrouwd…’ Abby legde haar handen op die van hem. Ze waren bijna twee keer zo groot als die van haar. Ze voelde zijn warmte, zijn ruwe huid. ‘Dit heb ik nog maar zelden gevoeld.’

‘Ik nooit.’ Hij pakte haar borsten. ‘Merde… echt nog nooit.’

Met één draai legde hij haar op haar rug en drong weer naar binnen. Dit keer was het nog intenser. Het zweet liep in stralen langs haar heen. Ze beet in het laken, werd meegezogen in golven van bijna klaarkomen, spanning die wegzakte en weer werd opgevoerd. De tranen sprongen in haar ogen. Niet van de pijn maar van de intensiteit.

‘Je ruikt naar de zon,’ hoorde ze hem fluisteren. ‘Je straalt helemaal… zoveel energie.’

Ze wist dat hij het zei, maar ze wist niet meer waar hij was. Ergens naast haar. Tijd leek niet te bestaan. Ze kwam niet klaar, hij ook niet. Ze waren zo moe dat hun ritme steeds verder vertraagde en uiteindelijk bleven ze volkomen in elkaar verstrengeld stilliggen. Luisterend naar elkaars ademhaling, af en toe een zachte kus. Geen van tweeën wilde opstaan, zonder het te zeggen wisten ze dat dat het definitieve einde zou betekenen.

'Ik neem je mee naar Zack!'

'Zack?'

'Dat is een club, hier in de Marais. Heel cool.'

'Nu?'

Hij schudde zijn hoofd. 'Nu wil ik nergens heen.'

'Kan je goed dansen?'

'Heel goed.'

'Gelukkig.'

Ze aaide zijn gezicht. Zijn ogen waren strak op haar gericht. Donker, dieper dan ze ooit had gezien. Ze leken haar naar binnen te trekken.

'Weet je, eerlijk gezegd…' Hij kuste haar hals. 'Sorry, even afgeleid, dit stukje is zo mooi… Je nek, die lijnen… onweerstaanbaar.'

Ze liet haar hand traag over zijn rug glijden. Het zweet op zijn donkere huid leek vloeibaar goud. 'Alles is juist zo lekker aan jou en…'

'Aan jou, ja.' Hij pakte haar kin met beide handen en kneep hard. Bijna te. Ze kreunde. Hij kuste de beurse plek. 'Vanaf het allereerste moment dat ik je zag wilde ik je.'

'Wat een onzin.'

'Nee, echt. Je kwam bij je verhuizing de lift uit lopen en ik kon alleen maar denken: mon Dieu.'

Ze kromp ineen. 'Dat had ik ook.'

'Ik was eerst.' Hij lachte. 'Er is geen dag voorbijgegaan dat ik niet over je fantaseerde.'

'Echt?'

'Ja, al die maanden.'

'Ik keek ook vaak naar jou.'

'Soms volgde ik je op straat. Je loopt zo sexy.'

'Serieus? Volgde je me?'

Hij keek weg. 'Dat kan niet. Creepy, dat weet ik. Maar jij, dit, wij zo samen...'

'Ja, bevreemdend hè, zomaar ineens. '

'Alsof het nooit anders is geweest.'

Ze lagen nu op hun rug op het bed. Alleen hun heupen raakten elkaar. Het groene uithangbord van Café Leopold aan de overkant maakte discostrepen op het plafond. Hij had de gordijnen niet dicht willen doen, wat ze goed begreep. De sneeuw maakte de nacht nog magischer.

'Dit verlangen...' Hij pakte haar hand en speelde met haar vingers. 'Echt waar, ik heb alles gedaan, maar ik kon het niet stoppen.'

'Voldoe ik nu aan je verwachtingen?'

'Dat mag je nooit meer vragen.' Hij trok haar weer naar zich toe. Kuste haar nek, beet plagend in haar lippen. 'Je ontstijgt alles wat een verwachting zou kunnen zijn.'

'Leugenaar.'

'Jezus Abby, dat zie je zelf toch ook wel. Jij bent iets ongelofelijks, zo mooi...'

Haar buik trok opnieuw samen. 'Ik kan het zelf niet zien.'

'Wat een onzin.'

'Nee, echt niet.'

'Iedereen ziet het.'

'Ik niet.'

'Komt dat door een man?'

'Misschien wel.' Ze draaide haar hoofd weg en keek naar de spiegel in de hoek. 'Er is wel iets van zelfhaat, denk ik.'

'Weet je...' Hij streelde over haar hoofd. 'Ik kan hierin kijken hè. Dat heb ik al drieduizend keer gedaan. Zal ik dat gevoel proberen te fiksen?'

'Dat je in hersenen snijdt... dat vind ik eigenlijk best geil.'

'Nee.' Hij schudde zijn hoofd. 'Jij bent hier de enige die dat is.'

Ze beet in zijn arm. 'Dat denk ik niet.'

'Mijn god.' Hij tilde haar benen omhoog en duwde zich weer naar binnen. 'Dit bedoel ik.'

Nu nog langzamer voerden ze het tempo weer op. De spieren in haar benen verkrampten, ze kon eigenlijk niet meer. Maar ze kon ook niet stoppen. Ze wilde er alles aan doen om het nog een keer te voelen. Die spanning die zich in haar zou opbouwen. Die ontlading als hij zou komen. Maar zo ver ging het nu niet.

'Ik ben kapot.' Hijgend viel hij op haar borst. 'Je hebt me gebroken.'

Ze keek op haar wekker. 'Wij liggen hier al vijf uur.'

'Ongelofelijk. Kom bij me.'

Ze ging tegen hem aan liggen. 'Ik ben al bij je.'

Hij vouwde zijn armen om haar heen. Trok haar zo dicht tegen zich aan dat haar ribben pijn deden en ze haar adem moest inhouden.

'Ik wil je.'

'Je hebt me al.'

Hij liet haar los en legde zijn hoofd op dat van haar. 'Voor altijd.'

Nu zwegen ze. Beiden wisten ze dat die laatste zin een leugen was. Dat die de magie van de avond had verbroken. Alleen hun adem had nu nog hetzelfde ritme, steeds trager. Bijna vielen ze in slaap.

'Je moet gaan,' fluisterde ze zo zacht dat ze hoopte dat hij het niet had gehoord.

Hij kuste haar nek weer. 'Ik weet het.'

Opnieuw zakten ze weg in een halfslaap. Ze voelde zijn adem tegen haar rug. De verwarming sloeg aan.

'Je moet gaan,' zei ze weer.

'Ik wil niet.'

'Weet ik.'

Ze duwde zich een beetje van hem af, hij trok haar weer dichter tegen zich aan. 'We slapen al vier jaar niet meer in dezelfde kamer. Het is zo vreselijk.'

'Dat zei je.' Ze zuchtte. 'Maar dat moet je toch eerst zelf met haar oplossen. Ik ga er niet tussen zitten. Ik ben niet "die andere vrouw".'

Hij ging rechtop zitten, kuste vederlicht haar rug en gleed toen van het bed af.

Ze draaide zich om en keek hoe hij zich zwijgend aankleedde. Zijn onderbroek ging snel, zijn shirt dat ze een paar uur eerder nog vlug had opengeknoopt duurde langer. Het voelde alsof het cadeau dat ze net had gekregen zichzelf weer inpakte.

'Je mag me dus niet meer appen,' zei ze.

Hij kreunde. 'Begrijp ik.'

Haar lichaam was beurs en warm. Ze wilde hem zo graag weer hier naast haar in bed hebben. Hem in haar voelen. Zelfs hoe hij zijn knoop dichtdeed wond haar op. Al zijn bewegingen waren soepel, alsof leven hem geen enkele moeite kostte.

'Ik wil niet weg. Beter nog, ik kán niet weg.' Hij stond nu volledig aangekleed aan het voeteneinde. 'Je bent te mooi. Fucking *irrésistible*.'

Ze legde haar haar als een krans om haar hoofd, kruiste een arm over haar borsten en legde de andere hand tussen haar benen. 'Je moet.'

'Het doet pijn.' Hij kreunde weer. 'Het doet serieus fysiek pijn om hier te staan. En jou daar te zien liggen.'

'Ik weet het.'

'Het voelt alsof ik nog aan je vastzit.'

Met duizend nietjes, dacht ze, maar ze zei: 'Ga, please.'

Hij deed een stap dichterbij, twijfelde en liep toen zonder haar nog aan te kijken de kamer uit. Ze hoorde hoe hij door de gang liep, dat hij haar voordeur zachtjes dichttrok en ze wachtte totdat hij de sleutels in zijn eigen voordeur zou steken. Het gerinkel, de deurklink die piepte, de knal van de deur.

Nu was alles voorbij. Abby stond op, blies de kaarsen uit, deed de gordijnen dicht en trok een T-shirt aan. Daarna kroop ze terug in bed, streek het laken glad en duwde haar neus in het kussen. Ze rook de seks.

Even hield ze haar ogen dicht en dacht aan zijn lichaam op dat van haar. Daarna trok ze de la van haar nachtkastje open en pakte een schriftje onder een stapel tijdschriften vandaan. Ze had Marijke beloofd elke dag even de meest heftige emoties op papier te zetten. Al waren het maar een paar woorden. Maar nu was het extra lastig. Het was zo ongrijpbaar wat hier was gebeurd. Ze zou dit zelfs niet aan Miek kunnen uitleggen.

Toch omschreef ze in een paar zinnen hoe ze in bed was beland met een volstrekt onbekende, waarbij het voelde alsof ze samen al een leven hadden gedeeld. En ze vroeg zich op papier af hoe ze dat moest doen, hem meteen weer proberen te vergeten. Hij was verdomme haar buurman. Hoe zou dat gaan? Zouden ze elkaar negeren in de lift? Hoe kon ze nou niet luisteren naar de muziek die hij speelde? En vergeten dat hij net aan de andere kant van de muur naast haar sliep. Haar bloed stuwde nog door haar heen, zijn afdruk zat in het kussen, haar ribben voelden gekneusd. Hoe kon ze dit allemaal nou ineens ontkennen?

Zonder antwoorden te kunnen formuleren legde ze het schriftje weer terug. Daarna checkte ze toch haar telefoon, maar natuurlijk had hij niets gestuurd. Zijn laatste berichtje was dat hij er over een kwartiertje zou zijn.

Even twijfelde ze of ze hem toch zou vertellen dat ze nog

lag na te genieten, maar legde toen haar telefoon terug op het nachtkastje. Ze moest verstandig zijn. Eerst moest hij de scheiding afronden en vóór die tijd wilde ze niet meer in beeld komen.

Abby draaide zich om en trok het dekbed over zich heen. Net toen ze het licht wilde uitdoen, klonk opnieuw de bel. Haar buik kneep samen. Nee, was hij dan toch teruggekomen?

7

PARIJS

Zaterdagavond 24 december

Mika drukte opnieuw op de bel, maar het bleef stil. Waarschijnlijk was Abby even op bed gaan liggen en onverwacht in slaap gevallen, probeerde ze positief te blijven. Of ze had haar oortjes in met die saaie dancemuziek. Martin Garrix, altijd te hard.

Geconcentreerd staarde ze naar het toetsenbord naast de bel. Samen met Abby had ze bij de verhuizing een nieuwe code ingevoerd. Ze wist nog dat ze voor 'liefde' hadden gekozen, omdat geen enkele Fransman dat woord zou kennen, maar het volgens Abby wel Parijs symboliseerde. Alleen, welke cijfers hadden ze daarna nou ook weer toegevoegd?

Ze probeerde eerst 1947, het geboortejaar van hun moeder. Zonder succes. Ook hun eigen geboortejaar 1976 lukte niet. En ineens wist ze het weer. Ze was het er niet mee eens geweest, maar Abby had het toch willen doen. Mika tikte 1999 in, het grote rampjaar. Hun *annus horribilis.*

Met een diepe brom schoot het slot open en kon ze de zware houten deur openduwen. De gang was koud en donker, maar het licht sprong automatisch aan en ze herkende de marmeren tegels, het antieke kastje en de vergeelde nepbloemen voor het raam van de kamer van Marcel, die nu vrij was. Op zijn bureau stond een plastic kerstboompje met flikkerende gekleurde lichtjes. Het bleef toch een bizar idee dat miljoenen mensen over de hele wereld precies vandaag ook aan hun eerste kerstdiner zouden aanschuiven.

Het gietijzeren liftje stond al klaar, maar ze besloot de trap te nemen. Ze had het niet zo op kleine ruimtes.

Vier etages vielen op zich wel mee, maar de trappen waren 'lui', met van die lage, grote treden waardoor het langer leek te duren. Ook het gezeul met haar koffer hielp niet mee.

Toen ze Abby's etage bereikte bleef ze even staan om op adem te komen. De gang was hier matig verlicht maar ze kon de vijf verschillende deuren goed onderscheiden. Helemaal links zat volgens Abby een beroemde televisieproducent die zijn vrouw wekelijks bedroog, daarnaast een studentenstel met een baby, op nummer 14d een oude dame voor wie Abby weleens boodschappen deed en direct naast haar woonde een gezin van wie de ouders als arts in het bekende ziekenhuis Hôtel-Dieu werkten.

Abby's deur was het slechtst onderhouden, met afbladderende verf en barsten in het hout. Dat was omdat ze de enige was die huurde, zei ze, de rest waren eigenaren die hun dure appartementen koesterden. Niet dat het haar iets kon schelen. Abby had vaak gezegd dat ze vooral blij was dat ze op deze mooie plek kon wonen, midden in de stad. Dat het vergane glorie was, maakte het in haar ogen juist aantrekkelijker.

Mika klopte op de deur. 'Abby?'

Het bleef doodstil in het appartement.

'Hallo?'

Ze wachtte. Weer niets.

'Abby, ben je daar?'

Geen reactie. Mika's keel voelde droger. Ze slikte.

'Abby?' Ze bonsde op de deur. 'Abby, verdorie, doe open.'

Maar het bleef doodstil. Alleen de kerkklokken waren door het gangraam te horen. De avondmis was begonnen.

'Abby!'

Nog steeds kwam er geen geluid.

'Ik ben het… Mika.'

Jezus, wat nu? Ze schopte tegen de deur. 'Abby Erikson!'

Haar hart begon te racen. Misschien lag Abby dus toch gewond in huis. Nog een keer trapte ze tegen de deur, die nauwelijks bewoog. 'Abby!'

Mika graaide in haar tas, vond haar portemonnee en rukte haar creditcard eruit. Hoe deden ze dat in politieseries? Het slot openmaken met zo'n kaart. Ze stak hem tussen de deur en het kozijn en bewoog hem een paar keer heen en weer. Het plastic pasje brak bijna in tweeën maar het slot bleef muurvast zitten. 'Fuck.'

Sleutels werden omgedraaid.

'Abby?'

Mika draaide zich om. In de deuropening van 14d stond een klein vrouwtje. Kromgebogen, steunend tegen de deurpost maar met een chique bontstola omgeslagen en haar grijze haren keurig gekruld.

'*Non madame. Je m'appelle Mika, je suis sa soeur.*'

De vrouw zette haar leesbril af. 'Ach ja, nu zie ik het pas... Abby heeft langer haar.'

'Gelukkig kerstfeest, madame,' zei Mika en ze liep op de vrouw af. 'Sorry dat ik u stoorde. Maar weet u misschien waar mijn zusje is?'

De vrouw probeerde haar aan te kijken, maar kreeg haar rug niet recht genoeg. 'Ze is toch in Nederland? Ja... ze zou naar Rotterdam gaan. Om u te zien, toch?'

'Ze is niet gekomen.' Mika hoorde de trilling in haar stem. 'Ik ben eigenlijk naar haar op zoek.'

'Ach chérie, dat komt vast goed. Wil je misschien een glas wijn? Dan kan je bij mij even wachten.'

'Nee, dank u,' zei Mika terwijl ze eigenlijk snakte naar eten en wijn. 'Ik moet haar eerst vinden. Ik heb al drie dagen geen contact met haar gehad.'

'Ze is altijd best druk.'

'Weet u misschien hoe ik Marcel kan bereiken? Die heeft toch een sleutel?'

Het gezicht van de vrouw klaarde op. 'O, je wilt een sleutel! Kom mee.'

De hakjes van de roze huisslippers van de vrouw klikten door de gang. Voor een oud elektriciteitskastje bleef ze staan.

'Ik vergeet weleens mijn sleutel. Toen heeft Abby voorgesteld hierin allebei een reservesleutel te leggen. Dan kan ze bij mij naar binnen met de boodschappen en ik bij haar om de planten water te geven. Ze heeft zo'n mooie palm die...'

'Kunt u alstublieft wijzen welke van haar is?' onderbrak Mika de vrouw.

'*Bien sûr.*' De vrouw ging op haar tenen staan en wipte het deurtje open. 'Die met de klompjes.'

Vlug griste Mika het bosje weg. 'Dank u wel.'

'Je spreekt trouwens net zo mooi Frans als je zus.'

'Onze ouders waren francofielen.'

'Dat hoor je wel.' De vrouw pakte haar hand. 'Komen jullie dan straks samen een wijntje drinken?'

'Misschien, maar ik moet nu gaan.'

Mika trok haar hand voorzichtig terug en liep meteen naar Abby's voordeur. Haar handen trilden. In een keer schoof ze de sleutel erin en duwde meteen de deur open. Onmiddellijk werd ze overspoeld door een rottende geur. Haar maag draaide om. Ze moest de deurpost grijpen om rechtop te blijven staan. 'Abby...'

8

PARIJS

Donderdagochtend vroeg

De deurbel echode door het huis. Abby keek op haar wekker. Het was iets over vijf 's ochtends en nog volkomen donker. Was hij nu echt teruggekomen? Het liefste was ze meteen naar de deur gerend. Alleen, ze hadden net samen besloten dat ze elkaar niet meer zouden zien. Ze moest sterk zijn. Vooral voor hem. Hij had nog een heel scheidingsproces voor zich liggen. En ze wist hoe ellendig dat kon zijn. Ze moest hem de ruimte geven om verdrietig, verward en boos te kunnen zijn. De ruïnes van een stukgelopen huwelijk waren te onstabiel om meteen een nieuwe relatie op te kunnen bouwen. Eerst moest de shit worden opgeruimd en barsten worden gerepareerd. Daarna konden ze altijd nog kijken of de aantrekkingskracht er nog was.

Weer ging de bel. Misschien was hij iets vergeten?

Ze keek om zich heen, maar behalve de verfrommelde kleren die hij vannacht van haar had afgerukt zag ze niets rondslingeren. Het zou wel heerlijk zijn om hem weer te kunnen te voelen. De beelden van vannacht schoten als een film voorbij. Hoe hij haar op het aanrecht had gelegd en staand had genomen. Dat hij haar daarna zonder moeite had opgetild en naar bed had gedragen. De gedachte aan zijn grote, donkere, brede lichaam wond haar onmiddellijk weer op. Hij had iets geheimzinnigs. En ook wel iets fouts. Zijn kracht, die lichte dwang. Haar ribben, polsen, kin, alles voelde nog beurs. Maar de manier waarop hij…

Ze kreunde. Misschien kon ze toch opendoen? Dan zou ze – als een soort definitieve afsluiting – nog een keer van hem kunnen genieten. Echt voor het allerlaatst zijn tong over haar lijf laten glijden. Zijn handen die… Jezus, wat maakten die paar uur extra eigenlijk nog uit? Waarom moest zij de verstandige zijn? Ze had niets te verliezen.

Abby gleed uit bed en trok haar T-shirt uit. Het idee dat ze naakt de deur voor hem open zou doen, wond haar nog meer op. Ze deed het bedlampje aan en schoof haar voeten in haar slippers. Haar buik tintelde en ze zag haar rode wangen in de spiegel. Belachelijk, ze leek wel een verliefde puber. Haar haren zaten nog woest door elkaar, maar ze liet het precies zo zitten. Ze wist inmiddels dat hij dat heel lekker vond.

'Madame?' klonk het nu door haar gang.

O shoot, was hij het toch niet? Ze greep naar haar kamerjas die aan de deur hing. Vanzelfsprekend was het hij niet. Dat hadden ze toch afgesproken? Ze liet zich door haar eigen verlangen gek maken. Dit was misschien Marcel, of de pakjesdienst. Of nee, natuurlijk, de klusjesman voor het keukenkastje. Ze had Marcel er gistermiddag nog over gesproken en hij had beloofd het spoedig voor haar te regelen. Maar dit was wel heel erg vroeg. Hij had best even een appje kunnen sturen om haar vooraf te waarschuwen.

Ze checkte opnieuw haar telefoon en zag nu dat die inmiddels leeg was. Natuurlijk. Stom. Die had ze vannacht niet zoals altijd in de oplader gedaan. Ze stopte hem snel in haar zak.

'*J'arrive*,' riep Abby terug, en ze deed haar haren in een paardenstaart en trok de riem van haar kamerjas strak dicht. Fatsoenlijk genoeg om de deur open te kunnen doen. In de gang wilde ze het licht aandoen, maar de lamp in de plafonnière flikkerde even en sprong kapot. Nou, die kon de man dan ook meteen vervangen.

In het flauwe schijnsel van het lampje in haar slaapkamer draaide Abby het slot om en opende de deur. Even moest ze wennen aan het licht van de centrale gang en zette toen meteen een stap naar achter.

'Jij?'

9

PARIJS

Zaterdagavond 24 december

Mika hield de deurpost zo stevig vast dat haar knokkels wit werden. Ze moest naar binnen, maar ze wilde wachten totdat de buurvrouw haar deur had dichtgetrokken. Alleen ze hoorde niets.

Snel draaide ze zich om. De vrouw stond nog midden in in de gang.

'Ik vind het wel hoor.' Mika wuifde richting Abby's hal. 'Gaat u maar terug naar uw kerstdiner.'

De vrouw bleef even staan en trok haar stola strakker om zich heen. Het leek alsof ze het jammer vond dat ze niet mee naar binnen mocht, maar ze schuifelde uiteindelijk terug naar haar eigen appartement. 'Je weet me te vinden.'

Mika hield haar sjaal voor haar gezicht tegen de stank, reed haar koffer naar binnen en zocht op de tast naar het lichtknopje, maar de lamp sprong niet aan. Ze pakte haar telefoon uit haar tas en verlichtte met de zaklamp de smalle ruimte. De kapstok aan de muur hing vol jassen. Ook de lange donzen die Abby nu zeker buiten had gedragen. Was ze dan toch thuis?

'Abby?'

Mika liep door naar de keuken, waar het licht wel werkte. Het aanrecht was netjes opgeruimd. Geen rottend eten dat de penetrante geur kon veroorzaken. Alleen leek het alsof iemand met een beweging het aanrecht had schoongeveegd. Kleine potjes, twee glazen en een bord waren tegen elkaar aan in een hoek gegooid.

'Abby?' riep ze weer tegen beter weten in. 'Hallo!'

Hoorde ze nou iets uit de slaapkamer? Haar hart sloeg over. Vlug dook Mika de gang weer in en stak door naar Abby's kamer. Het lampje op het nachtkastje brandde nog, het bed leek net beslapen en verspreid door de hele kamer lagen Abby's kleren. Op het ladekastje, langs de rand van het bed, op de vensterbank; overal stonden kaarsen. Eentje lag voor het raam op de grond, misschien was die net door een wapperend gordijn eraf gevallen.

Vreemd, Abby was niet zo netjes als zij, maar het was niks voor haar om haar kleren zo verfrommeld op de vloer te laten liggen. Gedachteloos pakte Mika haar spijkerbroek en witte zijden blouse op. Die zag er nieuw uit, maar bijna alle knopen waren eraf. Ook Abby's zwarte beha was gescheurd.

Mika zakte op bed. Haar benen trilden. Alwin had gelijk. Haar zus had hier seks gehad. Zou ze daarna in een soort roes alles zijn vergeten? En zich met die vent ergens in het geheim een weekend lang hebben teruggetrokken? Waarom had ze dat dan niet gewoon gezegd?

Mika kneep in het dekbed.

Was ze hiervoor nou helemaal naar Parijs gekomen? En had ze haar gezin met kerst voor niets alleen achtergelaten?

'Verdomme Abby,' riep ze hardop en gooide een kussen in de hoek. 'Wat een kutzooi. Zit ik hier alleen.'

Maar die stank dan, schoot het ineens door haar heen. Ze duwde zich omhoog en liep naar de badkamer, waar Abby's lenzendoosje nog op de wastafel lag. Ook haar tandenborstel stond er. Mika voelde aan de haren. Kurkdroog. Abby was duidelijk wel heel plotseling vertrokken. Maar de stank kwam niet uit de badkamer. Hier rook het gewoon naar zeep.

In de zitkamer op de schouw lagen wat make-upspullen. Op de tafel stond een bijna lege wijnfles, met twee glazen ernaast. Eén glas was nog halfvol. De wijn was ingedroogd. Die stond er dus al langer.

Mika schoof de tussendeur naar de eetkamer open, waar de geur direct indringender werd. Op tafel stond een grote vaas vol verlepte lelies. Het water was troebel en groenig, bijna slijmachtig. Ze rook eraan. Dit was het. Haar longen leken te krimpen. Ze hapte naar adem. Met moeite kreeg ze haar telefoon uit haar jaszak. Het leek eindeloos te duren voordat Alwin de telefoon opnam.

'Hé, schat, hoe is het daar? Wij kijken hier naar die film met...'

'Er is iets gebeurd... met Abby.'

'Wat?'

'Ze is niet thuis, maar ik weet nu zeker dat er iets ergs is gebeurd.'

Alwin kuchte. 'Hoezo weet je dat zeker? Ben je in haar appartement? Heb je iets gezien?'

'Wat moet ik nou doen?' Mika liet zich op een stoel zakken.

'Schatje,' zei Alwin langzaam. 'Miek, luister... vertel eerst waarom je het zeker weet.'

'Het is die vaas...'

'Wat is er met een vaas? Waar heb je het over?'

Ze kneep hard in haar been, alsof ze iets wilde voelen. Al was het pijn. 'Er staan hier rottende bloemen, die vaas is zo vies, dat zou Abby nooit doen. Mama heeft ons geleerd dat je bloemen vaak moet verschonen. Dat doen we altijd. Vieze vazen dat kan niet, dan...'

'Jezus Miek, waar gaat dit over? Dat kan ze toch gewoon vergeten zijn?'

Mika schudde haar hoofd, wat Alwin natuurlijk niet kon zien.

'Ligt haar tas er nog?' ging hij verder. Hij praatte alsof hij tegen de tweeling sprak. Kort en sturend. 'Kijk ook of je haar telefoon kan vinden. Haar portemonnee. Fietssleutel misschien.'

Ze keek om zich heen. Op het dressoir lag een bruin leren tasje dat ze niet herkende, maar dat wel hip genoeg was om van Isabel Marant te zijn.

'Hier ligt wel iets ja,' zei ze terwijl ze de tas omgooide. Marscara, tampons en paracetamol rolden eruit. Als laatste volgde een portemonnee die ze meteen opende. Ze slikte. Alles zat er nog in. Creditcards, pasjes, wat losse euro's en een foto van hen tweeën op haar huwelijk. 'Abby is zeker gedwongen vertrokken. Ze zou nooit haar portemonnee vergeten.'

'Oké. En haar telefoon?'

Mika liep dwars door het appartement. In de keuken, badkamer, slaapkamer, nergens was een telefoon te vinden. Wel een oplader naast haar bed en op haar bureau lag een laptop.

'Niets, maar ik kan haar computer openen.'

'Ja goed idee, doe maar.'

Ze ging op de bureaustoel zitten en klapte het scherm open. Zonder er echt bij na te denken tikte ze het wachtwoord in. Ze gebruikten beiden altijd *Zomerzotheid*. Hun favoriete jeugdboek.

'En nu?'

'Check haar zoekgeschiedenis.'

Mika scrolde door de websites. 'Ze heeft woensdag voor het laatst iets bekeken. Veel van Marant zelf. Kleren, schoenen, winkels en wat adressen in Beijing.'

'Beijing?'

'O wacht hier… Hôtel Dieu.'

'Klik aan.'

Ze wachtte tot de site opende. Foto's van een achttiende-eeuws gebouw verschenen. 'Dit is het ziekenhuis. Hier om de hoek.'

'Ziekenhuis?'

'Ik ga erheen. Misschien is ze ziek. Of gewond.'

'Oke...' Alwin aarzelde. 'En dan vertrekt ze zonder portemonnee?'

Mika klapte de laptop dicht. 'Jezus Alwin, weet ik veel. Ik moet toch iets doen?'

'Tuurlijk schat, ga. Maar als ze daar niets weten... beloof je dat je dan naar de politie gaat? Weet je waar het bureau is?'

Ze schoof haar stoel naar achter. 'Die sturen me toch weg.'

'Niet iedere agent is een klootzak, hè.'

Mika voelde weer de kou van de cel. Zag de felle tl-lamp die maar bleef flikkeren. Het gegil van Abby naast zich. 'Dat zijn jouw woorden, maar ik zal het melden.'

'Mooi, hou me op de hoogte. Sterkte schat.'

Mika stopte haar telefoon terug in haar tas en twijfelde of ze haar koffer mee zou nemen. Het handigst was natuurlijk om hem hier achter te laten, maar het appartement voelde zielloos. Alsof Abby's afwezigheid de kamers vacuüm had getrokken en er nergens meer zuurstof te vinden was. Ze durfde hier vannacht absoluut niet te slapen.

Met de koffer ratelend achter zich aan trok ze de deur weer dicht maar legde de sleutel niet terug in het kastje.

Het leek haar beter dat voorlopig niemand anders het appartement in kon.

10

Boulevard Bourbon 27. Het politiebureau zag er donker uit, alleen de entree was verlicht. Mika wist dat ze naar binnen moest gaan, maar het leek alsof haar spieren gezamenlijk hadden besloten te bevriezen. En dat kwam niet door de kou. De politieauto's voor de deur, de uniformen die ze binnen voorbij zag schieten. Het bracht het allemaal weer naar boven. Ook al was het meer dan drieëntwintig jaar geleden, die week had zich in haar geheugen geëtst.

Mika ademde diep in, duwde de deur open en zag een grote groep agenten in de hal staan. Eerst dacht ze dat er iets was gebeurd, maar toen zag ze dat ze gewoon stonden te praten. Vermoedelijk wensten ze elkaar een goede kerst. De meesten hadden hun tas al bij zich.

Ze liep naar de balie. Een jonge agent keek haar vriendelijk aan. 'Madame?'

Op zijn uniform was een Brits vlaggetje genaaid, wat waarschijnlijk betekende dat hij Engels sprak. In korte zinnen, met specifieke voorbeelden en zo overtuigend mogelijk vertelde ze hem dat haar zus was vermist.

'U zult wel bezorgd zijn,' reageerde hij vriendelijk. 'En dat met kerst.'

Ze ademde diep uit. Eindelijk iemand die haar serieus nam. 'Toen ik die vaas zag, wist ik het zeker.'

'U zag een vaas, *oui*,' herhaalde de agent en hij begon te tikken. 'Waar was dat precies?'

Mika noemde het adres. 'Dat is hier tien minuten lopen vandaan.'

De agent glimlachte. 'Dat weet ik, mevrouw. En uw gegevens? En ook die van uw zus graag. Heeft u een foto?'

Snel gaf ze alle details door en de agent zette geconcentreerd de gegevens in het systeem.

'Ik denk dat we nu alles wel hebben. Dank u wel voor de melding.'

'En wat gaat u nu doen?'

'Nou, ik denk dat we eerst nog maar even moeten wachten. In ieder geval de komende vierentwintig uur. Mensen doen met de feestdagen rare dingen.'

'Niemand heeft sinds woensdag contact met haar gehad. Dat is al meer dan tweeënzeventig uur geleden.'

'Niemand? Hoe weet u dat zo zeker?'

Ze keek hem recht aan. De jonge agent, die zich zo te zien pas twee keer in zijn leven had geschoren, staarde ongegeneerd terug.

'Dat weet ik natuurlijk niet zeker.' Het bloed steeg naar haar wangen. 'Ik heb haar telefoon toch niet.'

'Precies.'

Ze kreeg het warmer en knoopte haar sjaal los. 'Wat nou "precies"? Je kunt toch haar telefoon pingen ofzo. In de buurt gaan rondvragen. Een alert eruit gooien. Weet ik veel.'

De agent schudde zijn hoofd. 'Dat gaan we nu nog niet doen.'

'Moet ik dan maar gewoon wachten?' Het geroezemoes op de gang deed haar denken aan het andere bureau, waar het toen ook zo druk was. Het geluid echode door haar hoofd. 'Hoelang dan?'

'Laat ons morgen even weten of u nog iets heeft gehoord.' Hij schoof zijn visitekaartje naar haar toe. 'Hier kunt u ons altijd op bereiken.'

'Morgen?' Het zweet liep inmiddels over haar rug. Ze hoorde weer de deur die in het slot viel. De wanden van de cel die steeds dichter bij elkaar leken te komen. 'Nee, u moet nú iets doen!'

'We moeten niets, mevrouw.'

Mika's hartslag versnelde. Ze kreeg geen lucht en ritste haar jas open. Kreeg ze hier nu een paniekaanval? Ze concentreerde zich op haar ademhaling. Abby had haar geleerd naar kleine details te kijken. De zwarte pennen in een bakje, de poster met een lachende agent voor de Eiffeltoren, het gat in het systeemplafond. Ze ademende diep in, pakte het kaartje aan en liep toen zonder iets te zeggen de hal weer in.

Vlak voor haar zag ze een vrouw van haar leeftijd in spijkerbroek en leren jack een collega in uniform omhelzen.

'*Bonne Noëlle*, mon chéri,' zei de vrouw en gaf haar collega een kus op de wang. Een vrouw zonder uniform was waarschijnlijk een rechercheur, wist Mika. Net als de vorige keer. De enige die ze toen kon vertrouwen. Die echt met haar mee dacht.

'Madame,' zei Mika terwijl ze direct op haar afliep. 'Misschien kunt u me helpen.'

De vrouw draaide zich naar haar om. Ze had een rechte pony en streng bobkapsel en haar ogen keken vermoeid, maar alert. 'Waarmee precies?'

'Een vermissingszaak.'

De vrouw keek op haar horloge. 'Het spijt me vreselijk, ik sta op het punt te vertrekken. Maar mijn collega bij de balie...'

'Daar ben ik al geweest, die zegt dat ik tot morgen moet wachten.'

'Daar heeft hij dan vast gelijk in.'

'Het is mijn zus...' Mika hoorde dat haar stem trilde, maar ze probeerde zo rustig en kort mogelijk het hele verhaal te vertellen. Ook over de date die Abby zou hebben. 'Ik ben hier om de hoek bij het ziekenhuis geweest,' zei Mika ten slotte. 'Niemand heeft haar gezien. Ze is echt weg.'

'Dat is heel naar.' De vrouw veegde haar pony uit haar gezicht. Een litteken op haar voorhoofd verscheen. 'Maar zoals mijn collega vast heeft uitgelegd, we gaan pas vierentwintig uur na een melding aan de slag.'

Mika deed een stap dichterbij. 'Gaat u nu zo naar uw familie? Voor een gezellig kerstdiner?'

De vrouw antwoordde niet, maar Mika zag dat ze haar wenkbrauwen fronste. Misschien had ze haar nu toch aan het twijfelen gebracht.

'Dat zouden wij ook doen.' Mika pakte haar mobiel en liet een foto van Abby zien. Stralend keek ze in de camera. 'U ziet het vast. We zijn een tweeling. Ik doe niet zomaar een melding. Ik voel dat het niet klopt.'

De vrouw keek lang naar de foto en zuchtte ten slotte. 'Oké, dit gaat volledig tegen het protocol in, maar ik zal mijn opsporingsteam oproepen. Heeft u die foto van haar ook hier achtergelaten?'

Mika knikte.

'Ik kan natuurlijk niets beloven, zo met kerst.' De vrouw pakte een kaartje uit haar zak. 'Sandrine Allard. U kunt me altijd bellen. Waar logeert u?'

'Le Pavillon de la Reine. Ik heb net ingecheckt.'

'Place des Vosges toch?'

'Ja, om de hoek bij Abby en...' Haar ogen prikten en ze staarde naar het kaartje. 'Heel erg bedankt alvast.'

Sandrine pakte haar arm. 'Maakt u zich niet te veel zorgen. 99,9 procent van alle vermissingen zijn binnen een dag terecht.'

'Daar probeer ik ook in te geloven.'

Zonder nog om te kijken liep Mika zo snel mogelijk het bureau uit. Eindelijk de frisse lucht in.

11

Mika liep onder de uitgestorven arcades van Place des Vosges door. Alleen het doffe geluid van haar wandelschoenen op het marmer weerkaatste tegen de hoge plafonds. Voor de etalage van een galerie bleef ze staan. Het schilderij van het plein achter haar werd subtiel door een spot verlicht. Het was lente op het doek, met impressionistische beelden van mensen in negentiende-eeuwse kleren die in de schaduw van de platanen wandelden. Abby's lievelingsplek.

Alwin begreep niet dat ze nu hier in een hotel logeerde. 'Je had toch gewoon bij haar thuis kunnen slapen,' had hij net aan de telefoon gezegd. Ze was er maar niet op ingegaan. Alwin had wel echt geluisterd naar haar verslag van het politiebezoek, al had ze niets verteld over haar beginnende paniekaanval.

Ze had hem beloofd nu naar haar kamer te gaan, daar roomservice te bestellen en proberen wat bij te komen. Over hoe het morgen zou gaan met eerste kerstdag en wat ze moest doen als ze niets van Abby zou horen, hadden ze beiden niets gezegd. Ze wist zelf ook niet hoe het dan verder moest. Dat die Sandrine nu misschien iets in gang had gezet stemde haar wat rustiger.

Mika hoorde voetstappen dichterbij komen. Een man, diep in zijn donkere jas gedoken, kwam haar kant op. Gewoon negeren, kijk om je heen.

Ze draaide zich om en keek naar het plein. Meer dan vierhonderd jaar oud, had Abby haar de vorige keer verteld. Zelfs Victor Hugo scheen hier gewoond te hebben. Het anders zo drukke plein was nu volledig verlaten. Iedereen zat waarschijnlijk thuis bij de boom. De fontein in het midden was bevroren en op het beeld van Louis XIII lag nog sneeuw. Het licht van straatlantaarns maakte een schimmenspel van de kale bomen, alsof ze met zwarte stift extra waren omrand.

'Abby?'

Met een ruk keek ze om. De man stond ineens achter haar.

'Wat?'

'O Miek, jij bent het.'

Ze deed een stap naar achter. 'Fuck, Richard, wat doe jij hier?'

'Hetzelfde als jij denk ik.'

'Ben je ook op zoek naar Abby?'

Hij knikte. 'Ze was ineens verdwenen.'

'Hoezo verdwenen? Heb je je ex dan nog gezien? Wat zie je er slecht uit, trouwens.'

Daarom had ze hem niet meteen herkend. Zijn lange

jas was scheef dichtgeknoopt en hij had zich duidelijk een paar dagen niet geschoren. De grijze stoppels maakten hem nog ouder.

'Ik zit in de shit, Miek.'

'*What's new*?'

'Kunnen we even iets drinken? Hier is toch je hotel?'

Haar keel voelde droog. 'Hoe weet je dat?'

'Ik ben je gevolgd.'

Mika deed nog een stap naar achter. 'Ik denk dat je moet gaan.'

'Laat het me uitleggen, Miek.' Hij pakte haar arm. 'Alsjeblieft.'

Ze rukte zich los. 'Jezus Richard, vijf jaar lang heb ik niets van je gehoord. En dan ineens sta je hier. Dat is op zijn minst heel erg vreemd, en dan verwacht je ook nog dat we eens lekker gaan praten.'

'Please Mika, ik smeek het je. Ik kan nergens anders heen.' Hij zuchtte en sloeg zijn ogen neer. Van zijn bravoure van vroeger was weinig meer over. 'We kennen elkaar al zo lang. En ik weet dat Abby geen contact meer wil…'

'Dat kun je wel zeggen, ja. En ik geef haar groot gelijk.'

'Ik ook.'

Een ijskoude windvlaag gleed door de arcades. Een uithangbord rammelde, dode bladeren dwarrelden op. Ze rilde. Ze wilde nu inderdaad naar binnen.

Richard keek op. 'Miek… ik heb je toen ook geholpen. Toen alles voor jou hopeloos leek heb ik toch mijn nek voor je uitgestoken.'

'Dat was anders.'

'Echt?'

Ze zag weer de kleine cel voor zich. Het getik van de sleutels tegen de ijzeren deur. Toen na zevenendertig uur eindelijk de deur openging, kon ze alleen maar huilen. Richard had in de hal op haar staan wachten.

'Oké, kom maar mee,' zei ze en knikte richting haar hotel. 'Ik moet toch nog eten.'

Ze zaten in twee luie stoelen voor de haard. Op een stel na dat niet van elkaar af kon blijven was de bar leeg. Toch was het gezellig. De honderden lampjes die buiten de binnenplaats verlichtten, gaven de ruimte binnen een warme gloed. Ze hadden allebei een glas merlot besteld en Richard had het bakje nootjes in een keer geleegd. Alsof hij dagen niet had gegeten. Meteen had hij verteld dat Saskia hem net na sinterklaas het huis uit had gegooid en dat hij nu van hotel naar hotel zwierf.

'Ben je weer gaan...' Ze wachtte tot de ober de glazen neerzette. 'Ben je weer gaan gokken?'

'Eigenlijk nooit opgehouden.' Hij wreef over zijn ogen. Alsof hij zo de schaamte kon uitwissen. 'Soms was het wat minder. Maar de laatste tijd...'

'Heb je weer schulden?'

Hij knikte en nam een grote slok. 'Overal. Ook bij niet zulke lekkere jongens. Het leek even goed te gaan...'

'Maar dan gaat het toch weer fout,' vulde ze aan. 'Verdomme Richard... wat doe je jezelf toch aan?'

‘Er waren rekeningen… je weet wel, van de golfclub, de vakantie. Ik liep achter met de hypotheek. Ik dacht, één keertje en dan…’

De ober kwam weer bij hen staan. ‘Als u nog wat wilt eten, moet u nu bestellen. We gaan eerder dicht vanavond.’

Ze kozen de boeuf bourguignon met extra pommes dauphine voor Richard. Zodra de ober zich had omgedraaid, boog Richard zich naar haar toe.

‘Miek, ik weet het. Ik maak er een zooitje van. Maar ik beloof je, als dit is opgelost, maak ik schoon schip. Echt.’

‘Serieus Richard… denk je dat ik gek ben?’ Mika liet de wijn in haar glas rondraaien. ‘Hoeveel heb je nodig?’

Richard staarde in het vuur. ‘Vijfentachtigduizend… misschien iets meer.’

Dit was rationeel gezien het beste moment geweest om op te staan. Hem voor gek te verklaren en naar haar kamer te gaan. Even uitrusten, zoals ze Alwin ook had beloofd. Toch kon ze deze man niet negeren. Hij was meer dan vijftien jaar getrouwd geweest met haar zus. Ze kenden elkaar al sinds hun studententijd. En hij had haar inderdaad op het allerslechtste moment in haar leven een helpende hand geboden.

‘En voor dat megabedrag ga je naar je ex? Waar ben je mee bezig?’

Hij frunnikte aan de gerafelde rand van zijn trui. ‘Ik weet dat ik Abby heel ongelukkig heb gemaakt.’

‘Nogal ja.’

Nu keek hij wel op. Zijn ogen waren roodomrand. ‘Maar

ik heb zelf ook echt verdriet gehad Miek. Het was niet alleen Abby's verlies.'

Mika zag hen beiden weer staan voor de uitgang van het ziekenhuis. Totaal verslagen. In de auto terug had niemand iets kunnen zeggen. De rouw was te groot. Het verlies van Livia was in de haarvaten van hun lichaam gaan zitten. Daarna was het huwelijk van Abby en Richard eigenlijk nooit meer hersteld.

'Dat besef ik Richard. Echt.'

De ober zette twee dampende diepe borden op de kleine tafel en bood aan hun glazen nog eens bij te schenken. Mika wilde bedanken, maar Richard had al ja gezegd. Daarna nam hij meteen een hap.

'Waarom dacht je trouwens dat Abby dat geld wel had?' vroeg ze.

Vlug nam Richard nog een hap. 'Er is toch die trust van je ouders?'

'Dit meen je niet.' Ze legde haar mes en vork neer. 'Ben je echt zó laag gezonken? Dat geld is een studiefonds voor de kleinkinderen. Dat weet je donders goed.'

'Maar ik dacht,' begon Richard met zijn mond vol. 'Aangezien wij geen...'

Mika gooide haar servet op tafel. 'Je dacht dat je dan wel even een deel van dat geld kon krijgen.... Niet te geloven.'

'Niet krijgen... lenen natuurlijk.'

'Je bent gek.'

'Dat zei Abby ook al.'

Mika schoot op. 'Je hebt haar dus toch gezien.'

'Ja, voor haar kantoor.' Hij nam weer een hap.

Ze trok de lepel uit zijn hand. 'Verdomme, Richard. Wat is er nu echt gebeurd? Waarom heb je dat niet gezegd?'

'Doe eens rustig, joh.'

'Nee, dit is superbelangrijk. Wanneer was dit?'

'Woensdag.' Hij pakte de lepel weer terug. 'Ze was een beetje aangeschoten… had een kerstborrel ofzo gehad. Ze zag er trouwens wel erg goed uit.'

'Hou op… En toen?'

Hij zuchtte. 'Ze werd boos. Net als jij. Liep meteen weg.'

'En heb je haar daarna nog gezien?'

Terwijl hij zijn hoofd schudde nam hij snel nog een hap. 'Ik heb nog wel een paar keer bij haar appartement aangebeld. Maar ze deed niet open. En toen zag ik jou daar ineens op de stoep staan.'

'Waarom heb je me toen niet al aangesproken?'

'Precies om deze reactie. Ik wist gewoon dat jij ook woedend zou worden. Bovendien, jij ging meteen naar binnen.'

Mika leegde haar glas. Ze dronk bijna nooit meer. De alcohol vond snel een weg door haar lichaam en leek haar spieren meteen iets te ontspannen. 'En waarom kwam je dan net wel naar me toe?'

'Het politiebureau. Voordat jij daar naar binnen gaat, moet er wel echt iets aan de hand zijn.'

Ze zakte onderuit. 'Dat kun je wel zeggen.'

'Ze is weg hè?'

Haar keel werd dichtgeknepen. Ze knikte. 'Ik heb al sinds die woensdagavond niets meer van haar gehoord.'

'Godverdomme, dat vreesde ik al, ik...'

Ineens ging haar telefoon in haar tas luid over.

'Sorry, deze moet ik even nemen.' Ze zag dat het een Frans nummer was en liep snel van tafel weg. 'Met Mika.'

'Mevrouw Erikson, goed dat ik u te pakken heb.' Sandrines wat hese stem klonk gelukkig rustig. 'Excuses voor dit late telefoontje.'

'Geen probleem, en het is Mika.'

'Mika, dank, Sandrine hier.'

Weet je al iets meer?'

'Nee, dat niet. Maar ik had nog twee vraagjes. Komt het nu uit?'

'Natuurlijk, geen probleem.'

'*Alors*, mijn team vroeg zich af of wat voor telefoon uw zus heeft. Enig idee?'

Het stel uit de bar liep innig omarmd voorbij. Ze deed een stap opzij. 'Een iPhone, dat weet ik zeker.'

'En welk type?'

'De nieuwste, denk ik. Een half jaar geleden kreeg ze hem van haar werk.'

'*Bon*, dat is dan minimaal een iPhone 11, misschien 12.'

De lift klingelde en het stel uit de bar stapte al zoenend in. Vlak voordat de deur dichtgleed, zag ze de hand van de man onder de rok van de vrouw verdwijnen. Mika wendde haar blik af en liep snel de lege bibliotheek in. 'En dat is goed nieuws, omdat...?'

'De nieuwste modellen kunnen de laatste locatie van de telefoon aangeven. Ook als hij leeg is.'

Mika liet haar hand over de boeken glijden, die op kleur waren gerangschikt. 'Hopelijk helpt dat.'

'Zeker. En we vroegen ons af wie een sleutel van het appartement heeft.'

'Ik. Zal ik hem komen brengen?'

Sandrine kuchte. 'Nee, dat is nu niet nodig. Vanavond gaan we toch niet meer kijken. Is er nog iemand anders?'

'Marcel, de conciërge. En misschien een werkster, maar dat weet ik eigenlijk niet.'

'We proberen morgen de conciërge wel. Nog een fijne kerst Mika. Je hoort van ons.'

Voordat ze iets kon zeggen, had de rechercheur al opgehangen. Een rilling gleed over haar rug. Behalve het getik van een grote gouden klok op de schouw was de bibliotheek stil en koud. Eigenlijk moest ze opgelucht zijn dat de politie aan het werk was gegaan. Maar het maakte Abby's afwezigheid alleen maar echter. Te echt. Verdomme, waar zat ze nou toch?

Ineens schoot door haar heen dat ze Richard vergeten was te vragen hoe hij zonder geld naar Parijs was gekomen. Hij had Abby toch ook gewoon kunnen bellen?

Mika liep terug naar de bar, waar de ober net hun borden weghaalde. Richards stoel was leeg.

'Ah madame, goed dat ik u nog zie. Wilt u misschien uw eten meenemen naar boven? Kamer 14 toch?'

Ze schudde haar hoofd. Haar zin in eten was volkomen

verdwenen. ‘Heeft u die meneer die hier bij mij zat nog gezien?’

‘O ja. Hij is net weggegaan. Ik moest u de groeten doen.’

12

Zondagochtend 25 december

'Ik mis jou ook.' Mika scheurde een stuk van een croissant af. Het dienblad met het ontbijt wankelde op haar bed. 'Júllie, bedoel ik. Ik mis jullie allemaal. Zo alleen op kerstochtend is echt niet...'

'Nee, dat klopt niet hè, schat,' onderbrak Alwin haar. 'Dat voelen wij hier ook, hoor.'

Ze keek op de wekker. Bijna half zeven. 'Wanneer laat je de jongens hun cadeaus uitpakken?'

'Geen idee eigenlijk. Zal ik wachten tot je terug bent?'

'Dat kan nog wel even duren, vrees ik. Doe maar gewoon straks. Ze zijn vast niet meer te houden.' Wachtend op een reactie schonk Mika koffie in, maar het bleef stil. 'Je begrijpt toch wel waarom ik nu hier moet blijven?'

Ze hoorde haar man een paar keer diep zuchten. Het klonk bijna als gesnuif.

'Ik zit er dubbel in, eerlijk gezegd,' zei hij uiteindelijk. 'Aan de ene kant, ja natuurlijk, je wil daar zijn als Abby boven water komt. Maar aan de andere kant... je kunt daar nu niet zoveel betekenen. Moet je de politie niet gewoon hun werk laten doen?'

Hoewel ze zijn terughoudende reactie best begreep, voelde ze ook irritatie. 'Ik kan Abby hier onmogelijk alleen laten.'

Opnieuw reageerde Alwin niet.

'Moet je je voorstellen,' ging ze snel verder, 'dat later – als wij er niet meer zijn – Sep op een cruciaal moment Dennis in de steek zou laten. Dat zou je toch ook vreselijk vinden?'

'Miek, dit is absoluut niet hetzelfde.'

'Nee? Mijn ouders zijn er toch ook al lang niet meer? Abby en ik hebben alleen elkaar nog.'

Alwin kuchte. 'Jij doet dit uit schuldgevoel.'

'Wat?' Ze schoot omhoog. Haar koffie viel om en vormde meteen een grote bruine vlek op het witte dekbed. 'Kutzooi.'

'Gaat het?' vroeg Alwin. Door de telefoon hoorde ze het gegil van de jongens op de achtergrond. 'Boys, even stil nog. Ik ben met mama aan de telefoon.'

'Die opmerking was echt onder de gordel, Alwin. Dat weet je!'

'Ja? Weet ik dat? Daar moeten we het dan nog maar eens over hebben. Maar je hebt gelijk. Nu is niet het juiste moment om die discussie weer op te rakelen. Sorry.'

'Het spijt mij ook,' zei ze vlug. Ze wilde nu geen ruzie maken, zeker niet met de tweeling in de buurt. Maar haar hart klopte in haar keel. Hoe durfde hij daar weer over te beginnen? 'Zo te horen kunnen de jongens niet meer wachten. Ik zou maar naar beneden gaan. Maak je wel een filmpje van het uitpakmoment?'

'Natuurlijk. En ik zal kijken of ik hier Saskia te pakken kan krijgen. Echt een heel rare actie weer van Richard.'

Mika probeerde met een tissue de koffievlek droog te deppen. 'Heel vreemd. En stom dat ik vergeten ben te vragen waar hij logeert.'

'Je weet dus zeker dat zijn telefoon is afgesloten?'

'Nou ja, zeker... In ieder geval wel dat hij al uren uitstaat.'

'Misschien moet je het aan de politie melden.'

'Denk je?'

'Nou, Richard heeft niet bepaald een goede reputatie en dan duikt hij daar ineens zo...'

Het gejoel van de jongens nam oorverdovende proporties aan. Ze kon geen woord meer verstaan.

'Ga maar naar de kerstboom,' riep ze over het lawaai heen. 'Ik bel je later.'

'Hou je taai hè,' hoorde ze Alwin nog net roepen voordat hij ophing.

Mika liet zich uit bed glijden en gooide de vieze tissues weg. Al was het drieëntwintig jaar geleden, het ongeluk, haar schuldgevoel, de cel... de periode bleef altijd op onverwachte momenten terugkomen. Eerst Richard, nu weer Alwin. Marijke, Abby's therapeut, had al eens gezegd dat zij samen een sessie moesten doen. Of een familieopstelling. Om de onuitgesproken emoties tussen iedereen eindelijk eens te benoemen. Maar zonder het uit te spreken wisten Abby en zij dat dat geen goed idee zou zijn.

Voor de zoveelste keer checkte Mika haar telefoon. Geen nieuwe berichten. Niet van Sandrine, niet van Richard en nog steeds niet van Abby. Het was te vroeg om Pien te bellen, maar ze stuurde haar wel een berichtje. *Lieve schat, heel fijne kerst. Voor jullie allebei. Bel je later.*

Wat moest ze nu doen? Het zou vast nog te vroeg zijn om ergens een kop koffie te gaan drinken. Als er al een café open was op eerste kerstdag. Een boek had ze niet ingepakt, maar daar zou ze nu toch de rust niet voor hebben. Ze bekeek uitgebreid de weerapp. Vanochtend zou het nog koud zijn, maar na de lunch schoot de temperatuur ineens boven nul. Volgens de voorspellingen zou het rond vijf uur zelfs al zeven graden zijn. Als ze nog van een witte kerst wilde genieten moest ze niet te laat naar buiten gaan. Al was 'genieten' op dit moment misschien te veel gevraagd.

Mika liep naar de badkamer, draaide de douchekraan open en een liet de warme waterval over zich heen vallen. Langzaam draaide ze een rondje. Alwin hield vooral van kamperen en buiten zijn vond ze ook wel lekker. Maar ze voelde zich pas echt verwend als ze in een luxe hotel logeerde. Dikke witte handdoeken, zachte lakens, ontbijt op bed en een goede douche.

Ze spoot de Balmain-douchegel helemaal leeg en waste daarna haar haren. Abby had iets meer slag en zijzelf een fractie meer grijs langs de slapen, maar voor de rest hadden ze exact hetzelfde kastanjebruine haar. Dat Abby haar haren langer had laten groeien paste bij haar nieuwe Parijse look, maar het stoorde Mika ook. Ze leken nu toch iets minder op elkaar.

Ineens begon ze te huilen. Haar tranen vermengden zich met de warme stralen op haar gezicht. Nu ze eindelijk wat ontspande, daalde pas in wat ze eigenlijk al wist. Haar buik kneep samen. Al vier dagen lang voelde ze dat er iets was gebeurd. Ze kon niet benoemen wat precies, maar ergens voelde ze dat haar zus niet veilig was.

'Merde,' riep ze tegen de stroom water in. 'Merde!'

Terwijl het schuim zich rond haar voeten verzamelde, wist ze wat ze moest gaan doen. Naar de kerk, om een kaarsje voor Abby te branden. Die was vandaag vast vroeg open. Ze kon naar L'église Saint-Paul-Saint-Louis gaan, zoals de man in de trein had voorgesteld, en eindelijk dat schilderij van Delacroix bekijken. Abby had voorspeld dat het haar zou verrassen. Daarna kon ze dan misschien Marcel opzoeken of Abby's baas Eric, om te horen of zij al iets van haar zusje hadden gehoord.

Onmiddellijk draaide Mika de kraan dicht en schoot de badjas aan. Voor het eerst sinds ze in Parijs was voelde ze zich wat energieker worden. Natuurlijk gingen ze Abby vinden, zei ze tegen zichzelf. Ze moest zich niet gek laten maken door haar eigen gedachten. Ze waren al zesenveertig jaar een eenheid, daar zou niet zomaar verandering in komen.

13

De zon was nog lang niet op en de straat was donker, maar de kerk was in kleine lichtjes gehuld. De grote rode deur stond wijd open en luid psalmengezang stroomde naar buiten. Natuurlijk, bedacht ze toen ze het bordes op liep, het was de vroege mis op kerstochtend. En aan de lange rij bezoekers te zien werd die goed bezocht.

Een oude man die weggedoken in een rafelige winterjas tegen de deur leunde, deelde kerkfoldertjes uit. Ze nam er een aan, bedankte hem en vond daarna nog een plaats op de achterste rij. De kerk was warm en al bijna helemaal gevuld. De kroonluchters brandden, gedempt geroezemoes klonk om haar heen en in een nis stond inderdaad een levende kerststal. Al lagen de os en de ezel doodstil in een hoek tegen elkaar aan te slapen.

In de folder las ze dat deze zeventiende-eeuwse kerk nodig gerestaureerd moest worden. De collecte van vandaag zou dan ook voor het opfrissen van het plafond bestemd zijn. Verder las ze dat in een hoek een bijzonder beeld van Maria stond en links van het altaar het schilderij van Delacroix hing.

De meeste mensen in de kerk leken elkaar te kennen en wisselden vriendelijkheden uit. Sommigen klaagden alleen over het koude weer. Naast haar zat een gezin met twee jonge meisjes die tot zichtbare ergernis van hun ouders niet stil konden blijven zitten.

Mika tikte de moeder op haar schouder. 'Sorry dat ik even stoor, maar weet u hoelang het nog duurt voordat de mis begint?'

De vrouw die een van haar dochters net te stevig vasthield, keek meteen op haar horloge en zuchtte wanhopig. 'Nog zeker een kwartier. Dat hou ik met dit tuig niet vol.'

'Ik ken de frustratie,' lachte Mika. 'Maar geloof me, het gaat vanzelf beter. Zodra ze zeven jaar zijn wordt het weer wat beschaafder.'

De vrouw rolde met haar ogen. 'Nog drie jaar!'

Mika schoof weer uit de bank, gooide een euro in een bakje en pakte een kaars mee. Achter de hoge zuilen langs liep ze naar voren en stak rechts van het altaar de kaars voor Abby aan.

'Laat haar snel gevonden worden,' fluisterde ze. 'En helemaal gezond zijn.'

Ze was niet gelovig, maar sinds de plotselinge dood van haar ouders vijftien jaar geleden was ze de rituelen van de kerk meer gaan waarderen. Ze sloeg een kruis en vouwde haar handen. '*S'il vous plaît*. Ik kan niet alleen achterblijven.'

Het koor dat achter het altaar stond zette ineens het 'Gloria in excelcis deo' in. Het geluid weergalmde door de kerk. Ze wilde naar haar plaats teruglopen, maar zag toen het schilderij hangen. Een lijdende Christus liggend op een rots, uitgelicht door een zonnestraal en op de achtergrond drie engelen. Een blonde oudere vrouw zat in het midden en keek vol ontzetting naar het grote lijden, met twee jonge vrouwen met lange donkere haren ernaast die troostend tegen haar aan kropen.

Dit waren zij! Mama in het midden. Abby aan de linkerkant en zijzelf met haar handen half voor haar gezicht rechts. Abby had volkomen gelijk. Hun gelijkenis met dit honderdvijftig jaar oude schilderij was bizar. Ineens voelde haar zus weer dichtbij. Een rilling gleed over haar rug. Was zij de enige van deze drie vrouwen die nog over was?

Het gezang zwol nog verder aan en Mika zag de priester naar het altaar lopen. Op haar tenen liep ze snel terug naar haar plaats en zong met de hele gemeenschap in de kerk luid mee.

Gloire à Dieu au plus haut des cieux!

Het zingen hielp. De schok van het schilderij ebde wat weg. Maar de mis was nog geen tien minuten bezig toen ze haar telefoon voelde trillen. Ze zag Sandrines nummer op het scherm oplichten.

'Excuus,' fluisterde ze tegen de moeder naast zich. Alsof ze haar toestemming nodig had. 'Deze moet ik even nemen.'

De vrouw knikte haar vriendelijk toe. 'Bien sûr. Ik hou uw plaats vrij.'

Op haar tenen liep ze naar de zijkant en nam het gesprek aan.

'Heb je nieuws?' fluisterde Mika zo zacht ze kon.

Sandrine kon haar door het gezang kennelijk niet goed verstaan, en vroeg twee keer of Mika het wilde herhalen.

'Ik loop nu de kerk uit,' zei ze iets harder. 'Kun je even wachten?'

Zo stil mogelijk liep Mika in de duisternis achter de zuilen naar buiten. Er scheen een waterig zonnetje, maar de kou was nog niet verdreven. Ze ritste haar jas weer dicht.

'Bedankt voor je telefoontje, Sandrine, weet je al iets meer?'

Sandrine zuchtte diep. 'Misschien moet je even gaan zitten. Is er iemand bij je?'

'Ik ben oké.' Mika liet zich op het bordes zakken. 'Vertel maar.'

'We hebben haar telefoon gevonden.'

Mika's hart sloeg harder en leek bonzend haar ribben te raken. 'Waar?'

'In een prullenbak naast haar appartementengebouw...'

De straat was leeg, alleen een half verklede kerstman op een scooter schoot voorbij. Mika wist dat ze moest reageren maar ze kon geen enkel woord vinden.

'We laden de telefoon nu op,' ging Sandrine rustig verder. 'Het zal even duren voordat we haar laatste gegevens boven water hebben.'

Mika zweeg nog steeds. Haar keel voelde droog.

'We zoeken naar appjes, laatste telefoontjes. Dat soort dingen. Misschien hield ze een agenda bij. Of heeft ze recent nog foto's gemaakt. '

'Hebben jullie haar wachtwoord nodig?' vroeg Mika op een hoge toon die ze zelf niet herkende.

'Nee, dank. Dat gaat hier wel lukken. Ben je de rest van de ochtend goed te bereiken?'

Een duif kwam laag aangevlogen en landde vlak naast haar.

'Ik ben hier,' antwoordde Mika. 'Ik bedoel... hier bij de kerk. In Parijs dus. De Marais eigenlijk. Nou ja, vlakbij in ieder geval.'

'Duidelijk, je hoort van ons.'

Mika had nog willen vragen of er vingerafdrukken op de telefoon zaten, wie hem had gevonden en waar ze nu verder gingen zoeken, maar Sandrine had al opgehangen.

De duif pikte achteloos in de zool van haar schoen, alsof ze een levend standbeeld was geworden. Precies zo versteend voelde ze zich nu ook. Ze tastte in haar zak en gooide een uitgedroogd hondenbrokje van Stan naar de vogel. 'Hier.'

De duif pikte onverstoorbaar verder, zonder ook maar op te kijken.

Hoe moest ze de ochtend doorkomen? Doelloos wachtend, maar geen idee hebbend waarop? Terug de kerk in gaan was geen optie. Mensen hadden haar al woedend aangekeken toen ze vertrok. Ze zouden zeker niet vriendelijker reageren als ze toch weer naar binnen zou gaan. Maar ze wilde ook niet hier blijven zitten en de hele tijd proberen te bedenken wat 'de telefoon in een prullenbak' in godsnaam zou kunnen betekenen.

Ze scrolde door haar contacten en vond Eric.

Kan ik je even spreken? appte ze. *Ik ben Mika, weet je nog? De zus van Abby.*

Direct na het versturen ging haar telefoon over.

'Mika?'

'Eric, wat fijn dat je belt. Sorry dat ik je stoor op kerstochtend.'

'Maakt niets uit... Kerst is niet echt mijn ding. Zeker nu niet.' Hij nam hoorbaar een forse trek van zijn sigaret. 'Ze is nog steeds niet gevonden hè?'

Mika legde snel uit waarom ze naar Parijs was gekomen en wat de politie haar tot nu toe had verteld. 'Het wachten op nieuws is niet vol te houden.'

'Dat begrijp ik. Waar ben je nu?'

'In het derde, om de hoek bij Abby.'

'Ik ken een tent met de beste koffie.' Eric blies de rook met een diepe zucht uit. 'Chez Pierre, op Île Saint-Louis. Hij is ook een grote kersthater. Ik weet zeker dat hij nu open is. Zullen we elkaar daar even afleiden?'

Ze spraken over een half uur af en Mika hing op. De duif keek op van zijn brokje alsof hij wilde vragen wat ze nu ging doen.

'Rustig naar Pont Marie wandelen,' zei ze hardop. 'En

ondertussen proberen te bedenken of we misschien met zijn allen iets over het hoofd zien.'

De duif vloog weg en ze volgde hem met haar blik het plein over. Ineens zag ze een figuur in een lange jas de hoek om schieten. Shit, dat was Richard. Was hij haar weer gevolgd?

Mika stond op en rende dwars over het plein.

'Hé Richard, wacht,' gilde ze. 'Wacht op me.'

Ze sprong de stoep op en ontweek net op tijd een hoopje sneeuw, maar vlak voor de hoek waren de tegels ineens spiegelglad. Ze probeerde haar evenwicht te houden, maar gleed uit over het ijs en viel achterover. Haar hoofd knalde tegen een prullenbak. Plotseling werd alles zwart.

14

'Kom op meid, nog even volhouden. Koelen helpt echt.' Eric hield een zak bevroren doperwten tegen de achterkant van Mika's hoofd. 'Ik begrijp trouwens nog steeds niet hoe je gewoon bent opgestaan en hierheen bent gelopen.'

'Er is echt niets aan de hand.'

Eric draaide met zijn ogen. 'Je hebt een giga-ei op je hoofd. En ik zie bloed. Dat moet pijn doen.'

'Wij Dutchies zijn bikkels.'

Mika schoof haar bistrostoel iets naar achter. Ze begreep waarom Eric hier graag kwam. De kleine ronde marmeren tafels, de bar met spiegels en mensen van verschillende generaties gebroederlijk naast elkaar. Parijse cafés leken inwisselbaar, maar kregen door de stamgasten toch hun eigen identiteit.

Eric schudde zijn hoofd. 'Ik vind dat stoere gedoe maar overdreven.'

Natuurlijk was het gebonk in haar hoofd vervelend, erger was dat ze door haar val Richard weer uit het oog was verloren. Alleen wilde ze dat Eric niet vertellen. Alwin had gelijk, ze moest hier eerst de politie over bellen.

'Gelukkig gaat het vanmiddag dooien,' probeerde ze optimistisch te klinken. Ze pakte de zak doperwten van hem over en legde die op een bordje. 'Dan kan ik niet opnieuw uitglijden.'

'Ik kan niet wachten tot er een einde komt aan deze "o zo bijzondere witte kerst".' Eric maakte met zijn vingers aanhalingstekens in de lucht. 'Romantischer kan het niet, als ik Insta moet geloven.'

'Het pakt in de praktijk toch anders uit hè?'

'Dat is nogal een understatement. Ik heb nog nooit zo'n kutkerst gehad. Voor het eerst sinds het vertrek van Paul zat ik in mijn eentje te pruilen, naast die stomme boom en dan die ijzige kou en natuurlijk de zorgen over Abby.'

Eric gebaarde naar de ober en bestelde nog twee koffie. Buiten probeerden twee jongetjes zonder succes een sneeuwpop te maken van de restjes sneeuw op het plein.

'Ja Abby...' begon Mika voorzichtig. 'Ze heeft echt niets gezegd hè, over die date? Geen naam of zo.'

Eric duwde zijn donkere bril wat hoger op zijn neus. 'Ik heb ons gesprek in gedachten wel tien keer herhaald, maar nee. Behalve dat ze zei dat ze hem niet echt kende, maar dat het toch geen blind date was, verder gaf ze geen details.'

'Het was dus waarschijnlijk iemand die ze wel eerder had gezien, maar nog niet gesproken had.'

'Dat zou kunnen.'

‘Iemand van jullie werk misschien?’

‘Nee, dat lijkt me sterk. Geen heteroman bij ons te vinden.’

Ze glimlachte. ‘Iemand bij haar uit de straat dan?’

‘Ook zeer onwaarschijnlijk. Wij Parijzenaars zijn niet zo sociaal. We weten zelfs niet wie onze buren zijn.’

Ze keken elkaar even zwijgend aan. Ze kon geen optie meer bedenken.

‘Wie dan?’ vroeg ze uiteindelijk.

Eric veegde een lok haar uit haar gezicht en streelde onverwacht kort haar wang. ‘Soms is het echt beangstigend hoe erg jullie op elkaar lijken.’

‘We zijn twee delen van een geheel.’ Mika wendde haar hoofd iets af. ‘Als ik geen contact met haar heb, leef ik ook maar voor de helft.’

‘Wat moet dit dan zware tijd voor je zijn.’

Ze knikte. ‘Best wel.’

Eric keek haar recht aan. Zijn magere gezicht werd getekend door diepe rimpels, maar toonde toch niet somber. Zijn ogen stonden helder en als hij lachte verschenen er extra rimpels rond zijn ogen.

Ineens schoof hij ook zijn stoel naar achter. ‘Wacht, ik denk dat ik het weet.’

‘Wat?’

‘Jezus, zo stom dat ik daar niet eerder aan heb gedacht. Ik was een paar weken geleden bij haar thuis. Haar buurman…’ Hij kuste zijn vingers alsof hij net iets heerlijks had gegeten. ‘O echt, zo’n mooie man. Lang, donker. Toen wij afscheid namen op de gang, kwam die man net thuis. De manier waarop hij naar hij keek... Hij wilde haar.'

'Serieus?'

'Zonder twijfel. Ik herken zo'n blik uit duizenden.'

Een jonge serveerster zette zonder hen aan te kijken met veel lawaai hun koffie op tafel. Ze leek niet te zien dat ze twee voetenbadjes had gemaakt. Mika wachtte tot het meisje terugliep naar de bar.

'Zo'n hitsige man... Dat klinkt niet als iemand voor wie Abby zou vallen.'

Eric klakte met zijn tong. 'Ah, ik word soms gek van jullie koude noorderlingen. Hitsig, wat is daar nou vervelend aan? Juist heerlijk toch? Abby was daar ook echt aan toe. Daar ben ik van overtuigd.'

'Denk je?' vroeg Mika. 'Volgens mij was ze daar niet zo mee bezig. Sinds haar scheiding heeft ze geen relatie meer gehad.'

Eric hief beide handen wanhopig in de lucht. 'Kijk, dat is nou precies wat ik bedoel. Je zus had gewoon een goede beurt nodig. Even lekker die spinnenwebben eruit laten blazen.'

Mika depte haar schoteltje droog voordat ze een slok koffie nam. Ze wist dat Abby niet zo in elkaar zat. Misschien was zij de avontuurlijkste van hun twee, maar ze had nog nooit een onenightstand gehad. 'Daar was ze echt niet naar op zoek.'

'Heb ik je nou geschokt?' Eric lachte. 'Ik weet zeker dat ze het wel vaker deed. Iemand die van je kan genieten is een groot cadeau, hoor. Daar voel je je heel goed door. Waarom zou ze dat in godsnaam voorbij laten gaan?'

Omdat ik dat ook zo zou doen, dacht Mika, maar ze zei: 'Misschien heb je wel gelijk.'

'Zeker. Ik heb haar zelfs aangemoedigd. Sterker nog, ik denk dat ze nog steeds boven op hem ligt. Dat ze daarom niets van zich laat horen.'

Zonder Eric aan te kijken roerde Mika extra lang in haar koffie. Op dit soort scenario's zat ze niet te wachten. Maar erover discussiëren had nu geen zin, hij kende Abby duidelijk niet zo goed als zij.

'Ik wilde sowieso met haar conciërge Marcel gaan praten,' zei ze zo neutraal mogelijk. 'Dan zal ik hem wel naar die buurman vragen.'

'Dat is onverstandig.'

Mika keek op. 'Hoezo?'

'Die Marcel is een vreemde snuiter.' Eric hing nu half over het tafeltje heen, alsof hij haar een geheim ging vertellen. 'Abby was bang voor hem.'

'Dat heeft ze me nooit verteld.'

Eric haalde zijn schouders op. 'Misschien wilde ze je niet ongerust maken.'

'Waar was ze dan bang voor?'

Maar voordat Eric kon antwoorden trilde haar telefoon. Alwin.

'Sorry, deze moet ik even nemen.'

Eric knikte en Mika schoof haar stoel verder naar achter. 'Ik loop naar buiten, schat.'

Ze schoof langs twee bezette tafeltjes en duwde de deur open. Buiten scheen de zon nu fel en ze zag nog net het puntje van de Eiffeltoren schitteren. 'Hoe is het daar?'

'Alles goed, hoor. De jongens zijn superblij met die legodino's. Echt een gouden zet van je. Die twee hoor ik de rest van de dag niet meer.'

'Mooi, maar daar bel je vast niet over.'

'Klopt.'

'Heb je Saskia te pakken gekregen?'

'Ja, ze bevestigde dat Richard er heel slecht voor staat. Hij is nu alles kwijt. De bank heeft zelfs hun huis geconfisqueerd. Ze woont nu bij een vriendin.'

'Jezus.' Mika liet zich op een terrasstoeltje zakken. 'Ik zag hem net nog, maar ik ben hem meteen weer kwijtgeraakt. Weet Sas misschien waar hij hier nu logeert?'

'Ze had geen idee, maar hij schijnt eens gezegd te hebben dat hij ooit in het oudste hostel van Parijs had geslapen. Ik heb het even opgezocht en het zit niet ver bij jou vandaan. Du Globe heet het, op Rue de Fourcy. Een bed op een slaapzaal is daar maar elf euro. Dat kan hij vast nog wel ophoesten.'

Ze stond op. Haar hoofd bonkte. 'Ik ga er nu heen.'

'Nee!'

'Natuurlijk wel.' Ze voelde zich duizelig worden en greep naar een stoelleuning. 'Hij heeft haar als een van de laatsten gesproken. Ik wil...'

'Nee, Miek. Hij is echt doorgedraaid. Serieus van het

padje af. Saskia vertelde dat hij zelfs een straatverbod opgelegd heeft gekregen.'

'Jezus, waarom?'

Alwin zuchtte. 'Hij wil niet accepteren dat Saskia hem niet meer wil zien. Hij schijnt haar zelfs een keer geslagen te hebben.'

'Echt? Dat vind ik niets voor Richard. Hij is een lapzwans, maar gewelddadig… dat lijkt me sterk. En mij zal hij sowieso niet…'

'Verdomme Miek, doe niet zo eigenwijs. Saskia zei dat hij Abby ook weleens had geslagen.'

'Dat is echt de grootste onzin.'

'Hoezo?'

'Dat zou Abby mij zeker hebben verteld.'

Alwin zuchtte. 'Misschien vertelde ze je dan toch niet alles.'

Een bejaard stel aan de overkant van de straat hielp elkaar over een smeltende hoop sneeuw heen. Geduldig, af en toe glimlachend om elkaars onhandigheid.

'Daar ga ik nu niet op in,' zei Mika en ze knikte het echtpaar toe. Natuurlijk vertelde Abby haar alles. Hoe was het toch mogelijk dat haar eigen man na al die jaren nog steeds niet begreep hoe close tweelingen waren? En vooral hoe zij met Abby een gesloten eenheid vormde. 'Ik ga ophangen. En…'

'Mika, alles goed?' Eric stak zijn hoofd om de deur. 'Zal ik betalen?'

'Graag.'

‘Wie is dat?’ vroeg Alwin.

‘Eric, die baas van Abby. We drinken even koffie.’

‘Die engerd?’

‘Waar slaat dat nou weer op?’

‘Hij zat de hele tijd aan je. Weet je dat niet meer? Vorig jaar, toen we op Abby’s kantoor waren. Volgens mij was hij op dat moment nog niet eens gescheiden.’

Mika’s hoofd bonkte steeds harder. Wat kon Alwin toch kortzichtig zijn. ‘Hij was getrouwd met een man.’

‘Alsof dat in Frankrijk iets uitmaakt. Iedereen heeft daar affaires.’

‘Ook daar ga ik nu niet op in,’ zei ze zo kalm mogelijk. ‘Ik ga dus ophangen en naar de politie.’

Eric kwam naar buiten en hield vragend een sigaret in de lucht. Ze knikte.

‘Verstandig,’ zei Alwin ook wat vriendelijker. ‘Vertel ze alles over Richard. Ook over Du Globe. Wie weet kunnen zij hem daar vinden. En echt niet zelf naar dat hostel gaan.’

‘Beloofd.’ Ze pakte de sigaret aan. Het was zeker tien jaar geleden dat ze had gerookt, maar ineens leek het weer volkomen vanzelfsprekend. ‘Ik bel je later.’

Mika deed haar telefoon in haar binnenzak en nam een trekje. Ze kuchte maar kreeg de kriebel net op tijd onder controle. ‘Dank je. Dit had ik even nodig.’

‘Dat dacht ik al. Je leek zo gespannen. Is alles wel oké?’

‘Wat gedoe met Alwin.’ Ze stampte haar voeten warm en nam een forse trek. ‘Mijn man. Je hebt hem weleens ontmoet.’

'O ja, die Viking. Stoere vent hoor.'

Mika schoot in de lach en verslikte zich daardoor alsnog in de rook.

Eric klopte op haar rug. 'Gaat het?'

'Ik ben het niet meer zo gewend.'

'Nou, het staat je anders erg sexy. Zo nonchalant rokend,' zei hij met een brede glimlach, terwijl hij nog steeds over haar rug wreef. Langer dan nodig was.

Ze deed een stap van hem vandaan. 'Waarom was Abby trouwens bang voor Marcel?'

'Dat weet ik niet precies.' Hij drukte zijn sigaret op de stoep uit. 'Maar ze heeft weleens gezegd dat hij haar vanuit zijn kantoortje de hele tijd zo aanstaarde. Ik denk dat hij zich gewoon achter zijn bureau zat af te rukken.'

Mika huiverde. 'Dat lijkt me sterk.'

'Ah, chérie, *bienvenue à Paris*. Wat ben je toch heerlijk naïef. *Mais adorable*.' Eric gaf haar een vette kus op de wang en leek totaal niet door te hebben dat ze zich nogal ongemakkelijk bij hem voelde. 'Zeg, ik moet de hond uitlaten. Wat ga jij nu doen?'

'Weer naar het politiebureau. Checken of ze al meer weten.'

'Verstandig. Bel je me als er nieuws is? Echt doen hoor.'

'Ik hou je op de hoogte. En als jij iets hoort...'

'Dan bel ik je. Dag schat.'

Ze zwaaide tot Eric bij de Pont de la Tournelle was en rustig richting het vijfde arrondissement wandelde. Daarna draaide ze zich vlug om en liep direct naar de smalle

Rue de Fourcy, met zijn bekende kalkkleurige gebouwen en gietijzeren balkonnetjes. Ze wilde zo snel mogelijk Richard vinden, tegen alle beloftes in. Het liefst nog voordat de politie hem op het spoor was. Zijn aanwezigheid hier klopte niet en ze wist dat ze de enige was aan wie hij de reden daarvoor zou kunnen opbiechten.

15

Mika stond al tien minuten in haar eentje te wachten in de lobby van Du Globe. Onverstaanbare kerstmuziek kraakte door de boxen en een plastic kerstboom met gekleurde lichtjes stond scheef in de hoek. Nog steeds had niemand gereageerd op het belletje op de toonbank.

'*Y a-t-il quelqu'un?*' riep ze. 'Hallo?'

Niemand verscheen. Ze kon door de klapdeur de keuken in lopen, waar hoorbaar mensen aan het werk waren, maar ze boog zich in plaats daarvan over de rand van de balie. Daarachter lag een groot schrift met verfrommelde pagina's en een gescheurde kartonnen kaft. Het lag opengeslagen en ze zag een lange rij namen recht onder elkaar staan.

Ze keek om zich heen en voordat ze zich kon bedenken, draaide ze snel het schrift om. Vandaag, op 25 december, hadden er maar twee mensen uitgecheckt. Duitsers zo te zien. Maar op de vierentwintigste stonden er meer. Bovenaan stond Richard. Alleen niet met zijn eigen achternaam. De eikel, hij had hun achternaam gebruikt. Richard

Erikson, Nederland, twee dagen verblijf. Aankomst 21 december. Kosten met toeristenbelasting totaal vierentwintig euro. Cash betaald. Fuck, hij was dus al vertrokken. Maar ze had hem toch echt vanochtend nog zien lopen. Waar kon hij dan nu zijn?

'Mevrouw?' Een kleine jongen met een vlassig baardje stond tussen de klapdeuren. Zijn hoofd vragend schuin. 'Kan ik u helpen?'

'Eh ja, sorry.' Ze draaide snel het schrift weer terug. 'Er stond hier niemand en ik vroeg me af of jullie nog kamers hadden.'

'Nog één bed. In de mannenslaapzaal,' zei hij zonder zich te verroeren. 'Maar daar heeft u vast geen zin in.'

Ze glimlachte. 'Nee, niet echt. Bedankt. Ik vroeg me alleen nog af of jullie bij inschrijving ook een identiteitsbewijs vragen.'

De man trok zijn wenkbrauwen op. 'Waarom wilt u dat weten?'

'Ik ben die van mij vergeten.'

'Nou, dan gaat het feest al helemaal niet door.' Zijn stem klonk strenger. 'Natuurlijk moeten we iedereen hier officieel registreren. Dat is de wet, mevrouw.'

'Dat begrijp ik.' Ze deed al een stap richting de voordeur. Richard reisde dus met een vals ID. Dat moest Sandrine weten. 'In ieder geval bedankt.'

Buiten leek het nog wat warmer geworden. Mika deed haar sjaal losser en liep vlug Rue Charlemagne in, in de richting van Place des Vosges. Op haar hotelkamer kon ze rustig bellen en Sandrine tot in detail uitleggen wat er allemaal rond Richard speelde. Ze twijfelde nog of ze zou vertellen wat Eric over de buurman had gezegd.

Het was drukker op straat dan eerder die ochtend. Gezinnen slenterden rustig keuvelend over de stoep. Een kerstwandeling, precies zoals zij vroeger na het kerstontbijt ook altijd met hun ouders deden. Vooral Abby vond dat vervelend. Hadden ze net hun kerstcadeaus mogen uitpakken, moesten ze weer mee naar buiten. Ze zag haar nog stampvoetend bij de voordeur staan. Mika's ogen prikten. Verdomme, ze miste haar zusje zo.

Mika versnelde haar pas en kon nog net een jonge vrouw ontwijken die met een strakke blik aan haar telefoon vastgeketend leek. Ze stak de drukke straat over en liep Rue de Turenne in. Ze kwam voorbij etalages van boetieks waar Abby het de laatste maanden veel over had gehad. Ze zag Marc Jacobs, Zadig & Voltaire en de nieuwste hit Elica T. Vooral veel wijde broeken, leren jacks en fijne blousjes. Nonchalant, wat uitdagend en *edgy*, maar wel chic, volgens Abby. Typisch Frans dus. En duur ongetwijfeld. Kleren die ze zo te zien zelf nooit zou dragen, maar Abby kennelijk wel. Over mode spraken ze de laatste tijd echt een andere taal. Uiterlijk was belangrijker geworden voor Abby. Ze hadden er zelfs ruzie over gemaakt. Wat leek dat nu allemaal onzinnig. Ze hadden juist elke seconde samen moeten koesteren.

'Abby?'

Mika rukte haar blik los van de etalage. Voor haar stond

een lange, donkere vrouw met een vuurrode wollen jas. Stomverbaasd, met haar mond half open, keek ze haar aan.

'Mon Dieu, Abby?' herhaalde ze.

'Nee, ik ben Mika, haar zus,' zei ze en ze stak meteen haar hand uit. 'Ben je een vriendin van Abby?'

Het duurde even voordat de vrouw haar uitgestoken hand opmerkte, maar ze pakte hem daarna snel met twee warme handen vast.

'O, natuurlijk Mika...' zei ze langzaam, alsof ze zichzelf even tijd wilde geven. 'Abby heeft zoveel over je verteld. Ik ben Celine, de buurvrouw van je zusje.'

Buurvrouw, schoot het door Mika heen. Hoorde zij bij de man die volgens Eric Abby's date was geweest? Had Eric niet gezegd dat die vent getrouwd was. Zoiets zou Abby nooit doen. Na alles wat haar zelf was overkomen was haar zus principieel tegen overspel.

'Mika?' Celine glimlachte breed. Haar roodgestifte lippen glansden in de zon. 'Ben je oké?'

'Sorry, ja, ik was even in gedachten. Wat vroeg je?'

'Of je een goede kerst met Abby hebt gehad? Jullie zouden elkaar toch in Nederland zien? Ben je met haar mee hierheen gekomen?'

Mika trok haar handen terug. Hoewel Fransen fysieker waren, voelde het bij onbekenden toch ongemakkelijk. 'Nou, het is allemaal wat anders gelopen. Heb jij haar toevallig de laatste dagen gezien?'

'Nee, hoezo?' Celine trok haar keurig geëpileerde wenkbrauwen op.

'Er is wat miscommunicatie. Heel vervelend. We zijn elkaar misgelopen. Ik denk dat Abby haar telefoon kwijt is,' loog Mika terwijl ze niet precies wist waarom. Omdat ze anders te veel moest uitleggen? Of misschien ook wel omdat ze een plaatsvervangend schuldgevoel had. Als dit de vrouw van Abby's date was, dan was haar zus niet goed bezig. Of was het een open huwelijk, zoals wel meer Franse mannen zogenaamd hadden?

'Dat is irritant,' beaamde Celine. 'Dat kan natuurlijk gebeuren. Maar…'

Een telefoon rinkelde en snel viste Mika hem uit haar binnenzak. Sandrines naam verscheen op het scherm. 'Excuus Celine, deze moet ik echt even nemen.'

'Natuurlijk. En als ik nog iets voor je kan betekenen, klop dan gewoon even op onze deur.' Celine gaf Mika een kort klopje op haar schouder. 'Fijne kerst nog. En ik hoop dat alles goed komt.'

Celine stak gehaast de straat schuin over, nog net voor een ronkende vrachtauto langs, die direct luid toeterde.

'Sandrine, ik wilde je net bellen.' Mika maakte met haar hand een kommetje rond haar telefoon. 'Maar ik sta midden op straat. Het is nogal lawaaierig.'

'Waar ben je?'

'Om de hoek bij mijn hotel. Kan ik je zo meteen op mijn kamer even terugbellen?'

'Ik kom wel naar jou toe.'

Haar borstkas leek te krimpen. 'Is er iets gebeurd?'

'Er is een nieuwe ontwikkeling, ja,' zei Sandrine. 'Die wil

ik graag persoonlijk met je bespreken. In je hotel.'

'Ben je dan dichtbij?' vroeg Mika bijna fluisterend. Ze leek geen lucht meer te hebben om hardop te kunnen praten. 'Ik bedoel... duurt het lang voordat je er bent?'

'Hooguit twee minuten. Ik ben er waarschijnlijk eerder dan jij. Ik wacht in de lobby op je.'

Twee minuten, herhaalde Mika in gedachten. Dan was Sandrine natuurlijk op Rue de Minimes. 'Ben je bij Abby's appartement?'

'Ik zie je over twee minuten,' herhaalde Sandrine. 'Loop je nu naar je hotel?'

'Nee, ik kom naar Abby.' Mika begon te rennen met haar telefoon tegen haar oor geklemd. 'Ik zie je daar zo.'

'Nee!'

'Ik ben er bijna.'

'Nee Mika,' riep Sandrine nu harder. 'Absoluut niet! Kom niet hierheen. Ik kom naar jou toe.'

Mika wist dat ze rende, maar haar voeten leken de grond niet te raken. De straat schoot als een snelle film voorbij. Ze ging steeds harder. Ze was nu op de hoek. Een scooter toeterde, de bestuurder schreeuwde haar iets toe. Maar Mika hoorde het niet. Ze was bijna bij Abby. Ze...

'Mika, ik verbied je hier te komen. Merde,' gilde Sandrine door de telefoon. 'MIKA!'

Mika rende de hoek om. De straat was met geel lint afgezet. Overal zag ze blauwe zwaailichten. Groepjes mensen. Een file van auto's. Veel gegil.

'Abby,' hoorde ze om zich heen, maar ze wist niet zeker of ze het zelf riep. 'Abby!'

Ze dook onder het lint door en wilde doorrennen toen een agent haar arm greep.

'Madame.'

Ze rukte zich los, struikelde en stond weer op. 'Abby!'

'Stop.' Ineens stond Sandrine recht voor haar. 'Mika, stoppen. Nu.'

'Ik moet naar Abby.'

'Nee.' Sandrine pakte haar schouders stevig vast en keek haar strak aan. 'Dat wil je niet. Echt, Mika, vertrouw me. Je wilt haar nu niet zien.'

16

Drie dagen eerder,
donderdagochtend vroeg

O, wat was het koud. Waar was ze?

Abby probeerde te bewegen, maar haar spieren leken verdwenen. Haar benen voelden bevroren en haar handen waren gevoelloos.

Zou ze haar ogen kunnen openen? Met alle kracht die ze nog in zich had probeerde ze te knipperen, maar niets bewoog. Haar oogleden waren te zwaar. Het zweet brak haar uit.

Schreeuwen dan? Iemand moest haar hier toch kunnen vinden. Maar ook haar stem leek volledig verdwenen.

Wat was er gebeurd?

Vage flitsen schoten voorbij, maar ze kreeg de beelden niet scherp. Het was ook zo koud. Waarom lag ze hier?

'Abby?'

Iemand zei haar naam. Ze moest reageren.

Hallo, gilde ze in gedachten. Hallo, ik ben hier.

Maar het bleef doodstil. Ze kreeg nog steeds geen geluid uit haar keel.

'Abby,' klonk nu dichterbij. 'Even geduld nog.'

Wie was dat? Ze herkende de toon in de verte, maar ze kon zich niet goed concentreren. Denken, ze moest denken. Wat had ze gisteren gedaan? Wie had ze allemaal gezien? Haar gedachten bleven wazig, het enige dat ze voor zich zag waren twee wijnglazen op tafel. Die had ze zelf ingeschonken. Maar voor wie ook alweer? En wat gebeurde er daarna?

Er viel een schaduw over haar heen. Ze voelde het, zonder dat ze het zag. Het was alsof ze onder water lag. De wereld was onbereikbaar maar ze maakte er nog wel deel van uit.

'Ik ben bijna klaar,' zei de stem die kalm klonk, maar niet geruststellend.

Andere beelden snelden nu door haar hoofd. Haar bedlampje. De bel. Ze had er niet op moeten reageren. Nee, ze had echt niet open moeten doen. Hoe had ze zo stom kunnen zijn?

Abby probeerde te trappelen, de donkere schaduw van zich af te duwen. Maar haar lichaam was onbereikbaar. Ze kon geen connectie meer met haar spieren maken. Alleen haar hoofd leek nog te bestaan.

Wat was dat voor hoog geluid? De piep deed pijn, zo vlak naast haar oor. Wat gingen ze met haar doen?

Ze had Miek nu nodig. Dit kon ze niet alleen. Ze was niet sterk genoeg. Ze hielpen elkaar altijd. Onvoorwaardelijk. Ze had alles voor haar zus opgelost. Maar waar was Miek nu voor haar?

'Help,' riep ze zo hard ze kon in gedachten. 'Mika, help me. Please, Miek.'

17

Zondag 25 december

Het was weer doodstil in de bibliotheek, op het getik van die stomme klok op de schouw na. En heel koud. Mika rilde en ze keek naar de plank met blauwe boeken, de rode ernaast en aan het eind van de rij de groene. Alleen mensen die niet lazen, bedachten dit soort onzin. Lezers koesterden juist de verschillende kaften van boeken. Met grote en kleine letters, veel kleur en foto's op de ruggen. Het liefst waren ze ook nog verfomfaaid, letterlijk stukgelezen.

'Mika, heb je gehoord wat ik zei?'

Langzaam draaide ze zich om en zag dat Sandrine nog steeds in de stoel tegenover haar zat. Haar handen lagen in elkaar gevouwen in haar schoot. De blik van de rechercheur was strak op haar gericht, alsof ze in Mika's gezicht naar een antwoord zocht. Maar zelf wist Sandrine ook niets. Al die nutteloze agenten samen hadden net zoveel onbeantwoorde vragen als zijzelf.

'Mika, is er iemand die we voor je kunnen bellen?'

Waarom ging deze vrouw niet weg? Begreep ze dan niet dat ze alleen wilde zijn?

'Je man? Alwin is het toch? Kan hij deze kant op komen? Zullen wij anders contact met hem opnemen?'

Waarom had ze het over Alwin? Die hield helemaal niet van Parijs. Die had echt geen zin om nu te komen.

Sandrine draaide zich om naar een man in een te strak uniform die achter haar stond.

'Ze verkeert in shock,' hoorde Mika haar fluisteren. 'Bel een ambulance.'

Dachten ze nou dat zij hen niet kon horen? Maar ze hadden het verkeerd, ze had helemaal geen dokter nodig.

Mika stond op. Ze had verwacht dat haar knieën haar niet zouden houden, maar ze stond in één keer kaarsrecht. Zo snel mogelijk moest ze naar haar kamer zien te komen. Dan kon ze de deur op slot doen en zou niemand haar meer storen. Dan kon ze eindelijk alleen zijn. Samen met Abby, dat wel.

Sandrine liep op haar af, sloeg een lange sjaal rond haar schouders en wees naar de stoel.

'Ga maar weer even zitten Mika,' zei ze met een zachte stem. 'Dan kun je even bijkomen. Het valt niet te bevatten. Dat begrijp ik, Mika. *C'est incompréhensible.*'

Hoewel ze het eigenlijk niet wilde, liet Mika zich toch naar de stoel leiden. Ze moest contact maken met Abby en uitleggen dat het allemaal wat langer kon gaan duren. Straks zouden ze eindelijk weer tijd samen hebben. Dat hadden ze allebei hard nodig, maar dat zou niemand begrijpen. Sowieso begrepen anderen niet wat hun band betekende. Dat ze ook konden communiceren zonder fysiek contact te hebben. Dat ze boven alles vooral samen wilden zijn.

'We gaan vanmiddag natuurlijk direct door met het onderzoek,' begon Sandrine weer. 'Het is zaak zoveel mogelijk sporen zeker te stellen. Nu de dooi zo snel is ingezet moeten we haast maken.'

Mika hoorde haar woorden, begreep ze ergens ook wel, maar ze wilde niet dat Sandrine verder praatte. Abby was nog hier, dat voelde ze. Al dat geklets dreef haar verder weg. Ze moest haar zusje zo dicht mogelijk bij zich houden.

Een man in een geel pak kwam de bibliotheek in. Hij droeg een soort koffer in zijn hand. Op zachte toon praatte hij met Sandrine, die uitlegde dat ze hier nu al een uur zaten.

'Het lijkt wel alsof het allemaal niet tot haar doordringt,' fluisterde Sandrine. 'Ik heb alles al twee keer herhaald. Ze reageert niet. Heeft nog geen woord gezegd.'

De man knikte. 'Dat is begrijpelijk. Heeft ze iets gezien?'

'Dat denk ik niet.' Sandrine keek weer even naar Mika. Ze leek gerustgesteld dat ze hun gesprek niet kon horen en ging verder. 'We hebben haar met drie man moeten wegdragen. Ze wilde zelf gaan kijken. Gelukkig hadden we de witte schermen al opgetrokken… Dat beeld… dat gun je niemand.'

'Waarom hebben ze haar nu pas gevonden in die steeg?'

'Ze lag onder een laag sneeuw, maar nu het plotseling zo warm is geworden... De conciërge zag haar als eerste. Hij heeft ons meteen gebeld. En...'

'Nee!' gilde Mika nu zo hard ze kon. 'Nee, stop!'

'Mika, kalm maar.'

'Stop, nu!' Ze sprong op en rende direct op Sandrine af. Probeerde haar weg te duwen. 'Stop met praten.'

'Mika.' Sandrine bewoog naar achter. 'Rustig maar.'

'Rustig? Moet ik rustig doen? Jullie hebben Abby niet beschermd, jullie hebben...'

Ze werd vanachter vastgepakt. De agent hield haar schouders stevig vast. Ze trapte tegen zijn schenen, maar hij bleef staan. Ze hijgde, voelde zich duizelig worden.

'Mika, ik ga je even wat geven,' zei de man in het geel. 'Ik begrijp dat het allemaal heel heftig is. Dat alles te veel is voor je. Maar het is fijn als je wat rustiger wordt.'

Voordat ze kon reageren voelde Mika in een prik in haar arm. De woorden die Sandrine eerder zei, raasden als een bombardement door haar hoofd. Dat ze Abby's lichaam hadden gevonden. In de steeg naast haar appartement. Deels nog bevroren. Dat ze er al een paar dagen lag. Dat het duidelijk was dat het geen ongeluk was. Moord, zonder twijfel. Moord.

Ze begon te huilen. Haar spieren werden slapper. Sandrine sloeg een arm om haar heen.

'Mika, nogmaals gecondoleerd. *Je suis tellement désolée.*'

18

Ze had zeker een paar uur geslapen. Of was ze zelfs een tijd buiten bewustzijn geweest? Het duurde in ieder geval lang voordat Mika haar gedachten weer op gang kreeg. Ze kon haar ogen opendoen, maar ze wilde nog niet kijken. Waarschijnlijk lag ze in haar bed – ze voelde de zachte kussens – maar ze wist niet of ze alleen was, en ze wilde niet praten. Nu zou iedereen kunnen denken dat ze nog sliep en zouden ze haar niet durven te storen.

Abby is dood, zei Mika in gedachten tegen zichzelf. Dood. Ze herhaalde het nog eens. Dood. Nooit meer zouden ze samen zijn. Nooit meer naast elkaar zitten, zwijgend, en toch in gesprek zijn. Niet meer samen tegen de rest van de wereld. Of samen proberen de herinneringen te vergeten die ze niet alleen konden dragen.

Je bent alleen, zei ze zwijgend. Je bent nu echt alleen.

Ze begon te zweten. Hoe moest ze nu verder? Abby had haar hier niet achter mogen laten. Ze kon het niet alleen. Echt niet.

Haar ademhaling versnelde. Ze voelde de paniek door

haar lichaam kruipen. Ze moest met Abby mee, schoot het door haar heen. Ze waren altijd samen. Dat was het enige wat ze kon doen. Meegaan. Achterblijven was geen optie. Eigenlijk had Mika het al die tijd geweten. Dat als Abby dood zou blijken te zijn, ze ook zou moeten sterven.

'Mika?' Een koele hand op haar voorhoofd. 'Mika, ben je wakker?'

Was dit Alwin?

Niet reageren. Ze moest bedenken hoe ze het ging doen. Het moest gebeuren zonder dat ze gevonden kon worden. Zonder dat ze anderen een trauma zou bezorgen. Alwin zou vast goed voor de jongens zorgen. Ze waren alle drie beter af zonder haar. Ze zou toch alleen maar somber zijn. Depressief. Voor altijd in de rouw. Zoveel verdriet om hen heen was voor de kinderen niet goed. Zonder haar konden ze verder. Het was uiteindelijk gezonder om een leven te leiden zonder een moeder die voor altijd kapot was.

Pien zou Alwin vast willen helpen. Zij en Sammy zouden dat prima aankunnen. En hij zou snel een nieuwe echtgenote vinden. Dat wist Mika zeker. Vrouwen waren altijd dol op hem. Hij was zo aardig, zo betrouwbaar, zo goed met de kinderen, zeiden ze vaak tegen haar. Ze zouden vast al met een pan soep klaarstaan nog voordat ze begraven was.

'Mika, ik weet dat je wakker bent.'

Dit was Alwin niet. Eric zat naast haar.

'Je hoeft niet te praten. Maar ik weet dat je me hoort,'

ging hij kalm verder. 'Gecondoleerd, ma chérie. Ik vind het zo vreselijk voor je.'

Hij depte met een vochtige handdoek haar voorhoofd. 'Ik kan me niet indenken hoe het voor je moet zijn. Abby, je andere helft. Waarschijnlijk wil je nooit meer je ogen opendoen en wil je voor altijd de realiteit negeren. Net doen alsof je er niet meer bent.'

Haar hartslag vertraagde. Zijn zachte woorden, de koelte van het deppen... het voelde prettig.

'Ik wist toen jij je zo bezorgd maakte dat het foute boel was. Abby voelde het ook altijd als er iets met jou aan de hand was. Dat vond ik zo mooi. Jullie waanzinnige band. Ze sprak zo liefdevol over je.'

Mika voelde dat ze begon te huilen. Een traan gleed langzaam vanuit haar ooghoek over haar wang. Maar ze bewoog zich niet.

'Ik probeerde positief te blijven. Tegen beter weten in eigenlijk. Het is nog steeds onvoorstelbaar dat ze er niet meer...' Erics stem sloeg over. Zijn emoties braken er bijna doorheen. 'Dat ze echt dood is. Je lieve zusje...'

Hij zweeg even. Buiten hoorde ze mensen lachend over de binnenplaats lopen. Hoe was het mogelijk dat het leven daar gewoon doorging?

'Waarschijnlijk wil je nu ook niet meer verder.' Hij veegde haar voorhoofd droog. 'Je bent toch al voor de helft gestorven.'

Ze slikte. Zo was het precies.

'Maar je moet.' Eric pakte haar hand. Streelde haar vingers. 'Mika, echt, je moet door. We moeten haar moordenaar vinden.'

Ze antwoordde niet, maar schudde alleen haar hoofd, zonder haar ogen te openen. Hij moest begrijpen dat ze het niet kon opbrengen.

'Jawel, je moet,' zei hij nu strenger. 'Een engerd die zoiets gruwelijks doet, moet worden opgepakt. Om zijn straf uit te zitten... En ook om te voorkomen dat hij nog eens toeslaat. Jij kan de politie daarbij heel goed helpen.'

Ze schudde wilder met haar hoofd.

'Mika, we gaan het samen doen. Ik zal je helpen.' Hij kneep in haar hand. 'Ik laat je niet in de steek.'

Ze trok haar hand terug en vouwde ze samen voor haar borst.

'Weet je, ik zal je eerlijk zeggen...' Eric zuchtte diep. 'Ik voel me erg schuldig.'

Hij wachtte even. Misschien hoopte hij dat Mika iets zou zeggen, maar ze knikte alleen en zei niets.

Hij schraapte zijn keel. 'Ik heb Abby aangemoedigd om losser te zijn. Meer de Franse mentaliteit over te nemen. Mannen op te zoeken. Nou, fuck die joie de vivre. Kijk wat ervan komt...'

'Het is niet jouw schuld,' fluisterde ze nu, maar ze hield haar ogen koppig dicht. Hij moest zich niet verantwoordelijk voelen. Ze wist hoe zwaar het was om te leven onder het juk van schuld. 'Echt niet.'

'Dank je. Maar dat is onzin. Als ze niet had gedatet... was dit niet gebeurd.'

'Dat weet je niet.'

'Wie kan het dan zijn?'

'Iedereen. Jij ook.'

'Ja, ik ook.'

Weer zwegen ze. Ze hoorde de televisie in de kamer naast haar. Een kind rende zingend over de gang.

En ineens wist ze dat Eric gelijk had. Ze kon nu nog helemaal niet vertrekken. Ze moest helpen om Abby's moordenaar te vinden. Dat verdiende haar zusje. Ze kon die klootzak niet vrij laten rondlopen. Zijn motief kon haar helemaal geen ruk schelen, maar hij moest wel van de straat af.

'Oké,' zei ze alleen.

Het jongetje op de gang viel tegen een deur en begon hard te huilen. De troostende stem van zijn vader klonk gedempt.

'Ik ben het vooral mijn kinderen verplicht,' zei ze zacht. Ze wist dat onbeantwoorde vragen de rouw dieper en langer zouden maken. En dat moest ze voor iedereen proberen te voorkomen. 'Die hebben het recht te weten wat er is gebeurd.'

'Zij zeker, ja. Maar nog veel meer mensen ook.'

'Ik weet wat Abby denkt… dácht.' Mika beet op haar lip. Ze wilde nu niet huilen. 'Althans, ik dacht alle details van haar leven te kennen.'

'Je weet sowieso genoeg om de politie te kunnen helpen.'

'Zou Abby zelf hebben gezien wie het heeft gedaan?' Eindelijk deed Mika haar ogen open. Ze lag inderdaad in haar eigen hotelkamer. Met haar kleren nog aan, boven op het dekbed. Het was donker, de gordijnen waren half dichtgetrokken. Alleen het bedlampje was aan. 'Zou ze het gemerkt hebben toen het gebeurde?'

Eric keek haar recht aan. Hij zag er moe uit. Zijn wallen waren grijzer en zijn ogen roodomrand. 'Die vraag mag je jezelf echt nooit meer stellen.'

Ze wist dat Eric gelijk had. Ze moest nu niet te ver doordenken, maar gewoon aan de slag gaan. Mika pakte het glas water van het nachtkastje. 'Zullen we dan meteen beginnen? Moeten we eerst Sandrine bellen?'

Ze was opgelucht dat ze zo kordaat klonk, want ze kon nog steeds nauwelijks nadenken. Haar hoofd leek te bestaan uit duizend puzzelstukjes die ze niet meer in elkaar kreeg. Maar ze had geen keus. Dan maar even doen alsof, totdat haar gedachten weer meer structuur kregen.

'Dat doe ik wel.' Eric pakte zijn telefoon. 'Sandrine had mijn nummer in Abby's telefoon gevonden. Ik ben echt blij dat ze mij meteen heeft gebeld. Of nou ja, blij… dat klinkt gek natuurlijk.'

'Ik ben ook blij dat ze je heeft gebeld,' zei Mika en ze meende het. Eric leek verrassend goed te begrijpen wat ze voelde. Haar eerdere ongemak bij hem was helemaal verdwenen. 'Maar ik moet weten of ze Alwin ook heeft bereikt. En de kinderen…'

De tranen sprongen weer in haar ogen. De jongens. Ze moest Sep en Dennis vertellen dat hun lievelingstante nooit meer terug zou komen. Hoe moest ze daar ooit de woorden voor vinden?

Eric pakte haar hand maar zei gelukkig niets.

Ze ademde diep in. Zelfmedelijden ging haar niet helpen. Twijfels ook niet. 'Wil je vragen of Sandrine hierheen komt?'

'Voel je je nog te zwak? Dat begrijp ik hoor, na die...'

'Nee, dat is het niet. Ik vermijd politiebureaus.'

Eric trok zijn wenkbrauwen op, maar stelde geen vragen. Hij tikte een paar keer op het scherm. 'Bonjour Sandrine, kan je naar het hotel komen?'

19

Ze hoefden gelukkig niet naar de koude bibliotheek, maar mochten voor het gesprek een klein kantoor van de hoteleigenaar gebruiken. Het was er veel warmer, met houten lambriseringen en oude Parijse prenten aan de muur.

Al zeker een half uur zaten ze met zijn vieren om een ovale tafel te praten. Sandrine met haar jonge assistent – Mika was zijn naam meteen weer vergeten – aan de ene kant, Eric en zij aan de andere. De assistent durfde haar niet aan te kijken en tikte met gebogen hoofd druk op zijn laptop.

'Ik herhaal even het belangrijkste, zodat ik zeker weet dat het echt duidelijk is,' begon Sandrine weer. Haar zinnen waren kort en bondig. In het begin van het gesprek had Mika zich eraan gestoord. Het voelde koud. Maar nu begreep ze het doel ervan: het hield de emoties uit het gesprek. 'We hebben berekend dat je zus donderdagochtend vroeg is vermoord.'

Mika knikte. 'Rond een uur of zes, vermoed je toch?'

'Klopt. We denken dat ze eerst is verdoofd en daarna…' Niemand keek haar aan, maar Mika zag dat iedereen even moest slikken. 'Dat daarna pas haar schedel is gelicht.'

Mika kneep hard in haar bovenbenen. Het was het enige dat werkte om de beelden uit haar hoofd te bannen. Speel je rol, sprak ze zichzelf in gedachten toe. Je mag een verdrietige zus zijn, maar doe net alsof je sterk genoeg bent om mee te werken aan het politieonderzoek.

'Dat zei je al,' zei ze uiteindelijk.

'Goed. We denken dus dat het iemand is geweest die daar echt in geoefend is, waarschijnlijk jarenlange ervaring heeft,' ging Sandrine snel verder. 'Het is heel netjes gedaan. Als een vakkundige operatie. Geen bloedverlies, het schedeldak is heel nauwkeurig opengezaagd. Op het lichaam hebben we verder geen sporen kunnen vinden. Alles lijkt ontsmet en is grondig schoongemaakt.'

'Ook niets in de sneeuw?' vroeg Eric. 'Voetstappen ofzo?'

Sandrine schudde haar hoofd. 'Helaas was bijna alles al weggesmolten. We gaan nu de camerabeelden in de buurt opvragen en de technische recherche is al de hele dag in Abby's appartement bezig. Ik verwacht morgen meer van hen te horen.'

De bloemen, dacht Mika ineens. Ze had die bloemen op moeten ruimen, het zal nu wel helemaal stinken. Maar ze besloot er niets over te zeggen. Niemand zou de noodzaak begrijpen.

'En wanneer gaan jullie de getuigen spreken?' vroeg Eric. 'Of hoe je iedereen in de omgeving van Abby ook noemt.'

Sandrine knikte naar haar assistent. 'Andre heeft jullie suggesties genoteerd. We hebben de buurman die mogelijk met haar uit is geweest, zijn vrouw Celine, de conciërge, de bejaarde buurvrouw en de rest van de bewoners van het appartementengebouw. Een deel hadden we zelf al opgespoord en die worden nu ondervraagd. Net als sommige buurtbewoners, zoals de eigenaar van het café er recht tegenover. En we willen jou ook nog wat vragen stellen.'

'Mij?' Eric sloeg zich vragend op de borst. 'Kan dat hier? Nu?'

'Nee, dat doen we liever op het bureau,' zei Sandrine beslist. 'Het is nu al laat. Lukt dat morgenochtend? Negen uur?'

Eric knikte afwezig. Hij leek zich niet druk te maken over de ondervraging. 'En dan hebben we natuurlijk nog het probleem van Abby's ex.'

'Zoals ik al zei,' begon Sandrine weer. 'We hebben een melding naar alle departementen verstuurd. We vinden hem vast snel.'

'Maar ik denk echt niet dat hij het heeft gedaan. Hij hield nog van haar,' zei Mika. Ze zag Richard nog naast Abby aan tafel zitten tijdens hun huwelijk, terwijl hij verliefd naar zijn kersverse vrouw keek. Hij was echt gek op haar zus geweest. Daar twijfelde ze geen seconde aan. 'Als je hem opspoort, moet je het hem voorzichtig vertellen. Hij zal kapot zijn als hij het hoort.'

'Vijfenzeventig procent van de gevallen van femicide in Frankrijk wordt gepleegd door een partner,' mompelde

Andre ineens van achter zijn laptop. 'Of een ex-partner.'

Mika schoof heen en weer op haar stoel. Ademhalen leek steeds moeilijker. Ze wilde weg.

'Femicide?' vroeg Eric, die haar ongemak niet opmerkte.

Nu keek Andre wel op. 'Moord op een vrouw omdat ze een vrouw is.'

Mika probeerde niet te hyperventileren. Geen paniekaanval nu. Ze probeerde zich op de pentekeningen aan de muur te concentreren. Die met dat glazen dak... was dat het Grand Palais? En die andere, Musée d'Orsay misschien?

'Dat weten we nog niet zeker hè,' zei Eric plotseling geïrriteerd. 'Het kan ook een roofmoord zijn. Toch? Of een rare gek die is geïnspireerd door een documentaire over seriemoordenaars. Of een vreemd ongeluk. Of een...'

'Laten we nu niet gaan speculeren.' Sandrine klapte haar notitieboekje dicht. 'We hebben al genoeg te doen.'

Mika's keel kneep zich dicht. Ze trok aan de col van haar trui.

'Ik ga,' zei ze en stond meteen op. 'Ik moet Alwin bellen.'

Even keek Sandrine haar verbaasd aan, maar schoof toen ook haar stoel naar achter. 'Je weet dat hij in de trein zit, toch? Ik heb hem vanochtend meteen gebeld. Dat vertelde ik je net. Hij is er over twee uurtjes, rond acht uur.'

'Ja natuurlijk,' zei Mika meteen, hoewel ze het eigenlijk vergeten was. Ze kreeg maar geen controle over haar eigen gedachten. 'Ik wilde hem alleen nog even zeggen dat we dan samen wat kunnen eten.'

‘Dat lijkt me heel verstandig. Je hebt volgens mij na die croissant vanochtend niets meer gegeten,’ zei Eric die nu weer rustiger klonk. ‘Zal ik je weer even naar je kamer brengen?’

Ze knikte en liep al naar de deur.

‘Nog even, Mika,’ zei Sandrine en ze wees naar de stoel. ‘Ik wilde je nog wat vragen. Is dat oké?’

Nee, wilde ze zeggen, ik wil hier nu weg. Ze kon haar paniek maar net onder controle houden. Haar spieren voelden stijf en de zuurstof leek uit de kamer verdwenen. Maar er was iets in de blik van Sandrine waardoor ze wist dat ze geen keuze had.

‘Natuurlijk,’ zei ze en ze ging weer zitten. ‘Wat kan ik nog voor je betekenen?’

‘Eric, kan je ons even alleen laten?’

Eric keek haar vragend aan.

‘Het gaat wel, dank je,’ zei Mika. ‘Ik ga zo meteen direct naar boven. Proberen wat bij te slapen.’

‘Verstandig. Nou, dan ga ik maar.’ Eric stak zijn dunne handen onhandig in de ondiepe zakken van zijn jasje. ‘Maar als er iets is… je kunt altijd appen. Dat weet je, hè? Ik laat mijn telefoon aanstaan.’

‘Fijn, maar ik red me wel. Echt,’ zei ze zo krachtig mogelijk, ook al was het gelogen. Zodra hij de kamer verliet, voelde ze de paniek in haar borst verder omhoogkruipen.

‘Eric is een grote steun voor je, merk ik. Ken je hem al lang?’ vroeg Sandrine.

‘Nee, eigenlijk niet. Ik had hem hiervoor maar één keer

ontmoet.' Mika balde haar vuisten. 'Maar Abby was dol op hem.'

'En hij heeft haar als laatste gesproken, toch? Vlak voordat ze verdween.'

Het viel Mika op dat Sandrine haar met toegeknepen ogen bestudeerde. 'Wil je daar iets mee zeggen?'

'Nee hoor. Gewoon een vraag.'

'Hij was de laatste op haar werk, maar daarna had ze dus nog een afspraak staan.'

'Juist ja.' Sandrine sloeg haar schriftje weer open. 'Zeg, en jij? Wanneer ben jij precies in Parijs aangekomen?'

'Gisteren, op kerstavond.'

Sandrine maakte direct aantekeningen. 'Heb je daar bewijs van? Een ticket in je mail of zo?'

'Vast wel ergens.' Mika trok weer aan de col van haar trui. Ze had het zo warm. 'Wil je die nu zien?'

'Graag,' zei Sandrine zonder op te kijken. 'Andre, kun je het even checken?'

Mika scrolde snel door haar mails. Wat gebeurde er? Waarom deed Sandrine ineens zo formeel?

'Hier.' Mika gaf haar telefoon aan Andre. 'Een bevestiging van de Thalys.'

Andre noteerde nauwkeurig de reistijden en gaf de telefoon meteen terug.

'Merci,' zei hij, terwijl hij bleef doortikken. 'En daarna? Een taxi genomen?'

'Ja, naar Abby's appartement.' Mika zuchtte diep, wreef in haar oog. Dit voelde raar. 'Waar ze dus niet was.'

Sandrine keek op van haar schrift. 'Ben je toen wel binnen geweest?'

'Ja, dat heb ik eerder op het bureau ook al gezegd. Ik had de sleutel.'

Sandrine wisselde een blik met Andre.

Mika wipte met haar stoel. 'Kan ik nu gaan? Ik ben echt kapot.'

'Bijna,' onderbrak Sandrine haar en ze schoof een vel papier over tafel naar haar toe. 'Dit kreeg ik net door van de Rotterdamse politie.'

Snel las Mika de korte tekst. Natuurlijk wist ze dat dit moment zou komen. Maar toch was ze er weer niet op voorbereid. Die paar zinnen die hun leven definitief hadden veranderd sloegen haar ongenadig hard in het gezicht. Haar handen trilden. Ze probeerde zich op haar ademhaling te concentreren.

'Dit klopt.'

'Je wist dit dus van Abby?'

Ademhalen ging steeds moeilijker. 'Natuurlijk.'

'Wanneer was je van plan mij dit te vertellen?'

'Niet eigenlijk,' hijgde ze nu.

'En waarom niet?'

'Het is in deze zaak toch helemaal niet relevant?'

Sandrine sloeg het schrift met een klap dicht. De pen rolde op de grond. Ze boog zich voorover om hem op te pakken, maar bleef Mika ondertussen strak aankijken. 'Vind je echt dat dit nu niet ter zake doet?

'Het was drieëntwintig jaar geleden.'

‘Maar wel voor dood door schuld.’

‘Maar ze is nooit vervolgd.’ Mika ging staan, bijna happend naar adem. ‘Abby was onschuldig. Mijn zus heeft nog nooit iemand iets aangedaan. Zíj niet.’

Toen draaide ze zich om en stormde het kantoor uit.

20

Mika zat op het terras van Café Leopold. Ze was niet de enige, in de hoek vlak bij de deur zat een oude man ineengedoken een sigaar te roken. Binnen zaten tientallen mensen in feestkleding aan het kerstdiner. Veel kaarsen en flessen wijn op tafel. De ramen waren beslagen. Charles Aznavour zong op de achtergrond dat ooit alles weer goed zou komen.

Ze keek uit op de gele afzetlinten, de witte doeken voor de steeg en twee politieauto's die nog steeds een deel van de straat afzetten. Na het heftige gesprek met Sandrine was ze direct naar buiten gerend. Ze had frisse lucht nodig, kou op haar gezicht. Zonder erbij na te denken was ze hierheen gelopen. Het was de enige plek waar Abby nog dichtbij voelde. Het liefst was ze nu daarboven geweest, in het appartement op de vierde verdieping. Dan had ze op Abby's bed gelegen, haar parfum gebruikt, was ze door haar post gegaan en had ze rustig de was gevouwen. Dan had ze kunnen doen alsof Abby er nog was.

Maar Mika zag dat er inmiddels grote bouwlampen in

Abby's appartement stonden. Een silhouet schoof achter de vitrage langs. De technische recherche zou nog de hele nacht bezig zijn. Zouden ze balen dat ze op eerste kerstdag moesten werken? Stonden ze boven te vloeken op Abby dat ze juist vandaag gevonden was? Waarschijnlijk hadden ze hun kerstdiner moeten afzeggen. Misschien waren ze juist wel opgelucht dat ze waren weggeroepen van een vreselijke familieavond.

Haar telefoon trilde. Twee berichtjes van Alwin. Een dat hij over een uur op het station zou zijn en een taxi naar het hotel zou nemen, iets later de vraag of ze hem alsjeblieft wilde bellen. Ze had hem nog niet gesproken.

En eigenlijk moest ze het nu niet langer uitstellen, maar ze kon het niet. Niet omdat Alwin haar niet zou troosten of het niet erg zou vinden als ze helemaal niets zou zeggen. Ze was vooral bang dat hij het verkeerde zou zeggen. Eén woord te veel, waardoor ze wist dat hij het niet zou begrijpen. Dat hij niet doorhad hoe kapot ze was.

Na de dood van haar ouders had ze gemerkt dat rouw alles zo helder maakte. Tijdens de condoleance had een vriend gezegd dat het maar goed was dat haar ouders allebei tegelijk waren verongelukt, omdat de een niet zonder de ander zou kunnen leven. Ze had daarna het contact met hem definitief verbroken.

Mika trok haar muts strakker over haar oren, klikte haar tas open en haalde er een nieuw pakje sigaretten uit. Met moeite trok ze het plastic eraf, peuterde er een sigaret uit en stak die direct in haar mond. Nu pas besefte ze dat ze geen vuur had. Ze had ook een aansteker moeten kopen, maar... ze was natuurlijk geen echte roker.

Ze kon de oude man om een vuurtje vragen maar ze bleef gewoon zitten, de sigaret bungelend aan haar lippen. Het voelde alsof ze de tijd had stilgezet. En nu kon doen alsof het allemaal niet was gebeurd. Alsof...

'Abby?'

Mika schrok op. Voor het terras stond een lange, donkere man, midden op straat. Een grote tas stond naast hem op de grond.

'Abby? Jezus, ma chérie, waar was je? Ik heb je...' Hij wilde op haar afstappen, maar bleef toen staan. Het licht van de lantaarnpaal viel precies over hem heen, alsof hij op een podium stond. Zo leek hij net Idris Alba. 'Wat is er gebeurd? Wat is er met jou, je appartement, wat doen die agenten hier?'

Mika bleef zitten. Met haar mond open, de sigaret viel op de grond.

'Ik heb de hele tijd aan je gedacht, maar...'

'Nee,' zei ze zacht. 'Nee, ik ben Abby niet.'

'Wat zei je?' Nu pakte de man zijn tas en liep naar haar tafeltje. Zijn donkere ogen keken haar onderzoekend aan. 'Waar was je toch? We hadden natuurlijk afgesproken niet te appen, maar ik zag je maar niet. Ik maakte me echt zorgen.'

Dit was de man, schoot het door haar heen. Met hem had Abby die date gehad. Heel even dacht ze eraan hem in de waan te laten, maar toen trok ze toch haar muts af.

‘Ik ben Mika. Abby’s zus.’

Hij deed een stap naar achter en liet de tas uit zijn handen vallen. ‘Wat?’

‘Dat heeft ze je zeker niet verteld. We zijn een tweeling.’

Hij schudde zijn hoofd en lachte breed. Zijn witte tanden lichtten op in de duisternis. ‘Nee, dat wist ik niet. Maar mon Dieu, wat lijken jullie op elkaar. Vooral de ogen, dat is...’

‘Hebben jullie een date gehad?’ onderbrak ze hem.

‘Heeft Abby je dat verteld?’ Hij keek haar verward aan, wreef over zijn kortgeschoren haar. ‘Waar is ze eigenlijk?’

‘Ik denk dat je even moet gaan zitten.’

Hij twijfelde, keek op naar zijn appartementengebouw en volgde met zijn blik een agent die achter de witte doeken de steeg in dook. ‘Ik moet eigenlijk naar huis. Ik ben al laat voor het kerstdiner.’

‘Binnen wacht de politie op je.’

‘Hè?’ Zijn ogen leken haar naar binnen te trekken. ‘Waarom?’

‘Ga eerst even zitten.’

‘Wat is er dan gebeurd? Wat moeten *les flics* van mij?’

Mika vermeed zijn blik en duwde een nieuwe sigaret uit het pakje. ‘Wil je er ook een?’

Hij bedankte, maar pakte de stoel tegenover haar en viste een doosje lucifers uit zijn zak om haar een vuurtje te geven. Zijn handen trilden, zag Mika.

‘Waar is je zus?’

‘Ben je vandaag al thuis geweest?’

'Nee, ik heb de hele dag geopereerd.'

Ze nam een diepe hijs. 'Je werkt in Hôtel Dieu, toch?'

'Hoe weet je dat? Heeft Abby je dat verteld?'

'De site van het ziekenhuis stond nog open op haar laptop.'

'Waarom zeg je dit?' Zijn donkere wenkbrauwen trokken samen. 'Wat is er?'

Mika slikte en nam nog een trek. 'Abby was vermist. Sinds donderdagochtend.'

'Wat? Is ze ontvoerd?'

Hij leek oprecht geschrokken, maar haar rechterbeen begon toch te trillen. Misschien zat ze hier wel met de moordenaar van haar zus. Had hij haar drie dagen geleden zo gruwelijk afgeslacht.

Mika schudde haar hoofd. Niet aan denken, blijf rustig, sprak ze zichzelf in gedachten toe.

'Dat niet. Maar...'

Ze probeerde het echt te zeggen, maar haar stem weigerde. Ze voelde tranen in haar ogen.

Hij staarde haar smekend aan. 'Ze is toch niet...'

Mika keek weg, deze intimiteit voelde ongemakkelijk. Ze trok extra hard aan haar sigaret. 'Vanochtend is ze dood gevonden.'

'Wat?' Zijn donkere huid werd vaal, zijn lippen leken blauwer. 'Een ongeluk?'

'Vermoord.'

'Merde!' Hij klapte dubbel, alsof hij in zijn maag was gestompt. Zijn schouders schokten. 'Merde.'

Eindelijk kreeg ze de trilling in haar beenspieren onder controle. Ze keek hem onderzoekend aan. Was hij nou aan het huilen? Was hij echt geschokt? Of deed hij alsof?

'*C'est incroyable*,' hoorde ze hem fluisteren. Zijn stem was hees. 'Abby… *tue*.'

Ze moest hier weg.

'Ik ga ervandoor.' Ze stond op en drukte haar peuk uit. 'Mijn echtgenoot komt zo aan met de trein.'

Hij keek op. Hulpeloos. Zijn ogen waren rood. 'Ga je nu al? Wat moet ik dan doen?'

'Ga je melden. Loop naar de politie. Je hebt haar als laatste gezien.'

'Nee, alsjeblieft, blijf nog even. Vertel me over haar. Maakt niet uit wat. Iets.'

Even twijfelde ze. Ze wilde eigenlijk heel graag over Abby praten. Maar niet met hem. 'Een andere keer.'

'Alsjeblieft.' Plotseling pakte hij haar pols en hield haar stevig vast. 'Niet weggaan.'

Haar hartslag versnelde. Deze handen hadden misschien ook… Ze rukte zich los. 'Meld je bij de politie.'

'Sorry, natuurlijk. Ik denk niet helder na.' Hij stond ook op en wreef weer over zijn kale hoofd. 'Je hebt gelijk. Natuurlijk ga ik erheen. Ik moet ze alles vertellen.'

'Dat zou enorm helpen.'

'Weten ze al wat er is gebeurd?'

Ze schudde haar hoofd. 'Misschien kun jij ze meer duidelijkheid geven.'

'Denk je dat ik…' Zijn ogen leken nog een tint donkerder te worden. 'Denk je echt dat ik haar...'

Ze keken elkaar zwijgend aan, terwijl ze in elkaars blik naar antwoorden zochten. Mika sloeg als eerste haar ogen neer.

De man in de hoek achter haar kreeg een hoestbui. Ze keken tegelijkertijd om.

'*Ça va*?' vroeg ze en wilde op hem aflopen.

De man gebaarde dat het wel weer ging en nam snel een slok water. Een stel kwam lachend het café uit. Ze wachtte totdat ze buiten gehoorsafstand waren.

'Ik weet het niet,' zei ze uiteindelijk en ze keek weer naar de witte doeken voor de steeg. Daar had Abby dagenlang eenzaam gelegen. Haar hoofd totaal verwoest, haar lichaam stijf bevroren en deels aangevreten door de ratten. En het ergste van alles... ze wist niet of deze man het had gedaan. 'Ik weet niet wat er is gebeurd. Maar het lijkt me het beste als we elkaar niet meer spreken.'

Mika had geprobeerd kalm en ingetogen te praten, maar haar hart ging nog steeds als een bezetene tekeer. Ze moest Sandrine bellen. Zo snel mogelijk. Ze moest haar vertellen dat ze hem had ontmoet en hoe hij had gereageerd.

'Misschien heb je gelijk,' zei hij en deed een stap dichterbij. Meteen deinsde ze achteruit. 'Nee, alsjeblieft, niet bang zijn. Ik heb haar echt niets gedaan. Ik vond haar juist zo bijzonder.'

Mika schudde haar hoofd. Ze wilde niet het beeld van Abby en hem voor zich zien. Totdat er meer duidelijk was, was hij een van de verdachten.

Ineens besefte ze dat ze zijn naam nog niet eens wist.

'Dag,' begon ze. 'Sorry, maar ik weet helemaal niet hoe je heet.'

'Natuurlijk.' Hij stak nu heel formeel zijn hand uit. 'Ik ben Alex Diallo.'

'Mika.' Ze negeerde zijn uitgestoken hand. 'Mika Erikson. En ik wás Abby's zus.'

Zijn linkerooglid trilde even. Ze leek hem te hebben gekwetst. Ze had sorry kunnen zeggen, maar ze draaide zich om en liep weg.

Op de achtergrond klonk nog steeds Aznavour. '*Et ma route est déjà tracée, mourir d'aimer.*'

21

Mika kroop verder in het holletje van Alwins schouder. De steen in haar buik voelde nog zwaarder dan gisteren. Ze luisterde naar zijn langzame ademhaling. Voor het raam waren duiven in de dakgoot met elkaar een luid gevecht begonnen. Maar Alwin sliep rustig door. Zijn eigenschap om altijd overal te kunnen slapen benijdde ze.

Zelf lag ze al de hele nacht naar het plafond te staren, terwijl haar gedachten alle kanten opschoten. Hoe moesten ze de dader vinden? Welke zieke geesten hadden het op haar zusje gemunt? Wat was er precies gebeurd, die vroege ochtend? En hoeveel pijn had Abby gehad?

Om gek van te worden, die oneindige stroom van vragen, beelden en gedachten. Soms had ze stilletjes gehuild, om meteen daarna overspoeld te worden door woede. Het was zo oneerlijk dat juist Abby was vermoord. Zij had daar moeten liggen, in die vieze steeg.

Door een spleet in de gordijnen zag ze het langzaamaan licht worden. Eigenlijk kon ze de dag niet aan. De spanning had haar spieren verstijfd en de moeheid leek haar hersenen te verweken. Wat op zich niet eens zo'n rottig gevoel was. Ze wilde eigenlijk toch niet meer bestaan. Het was prima als haar lichaam heel traag zou uitvallen.

Ze streelde zacht Alwins naakte borst. Gisteravond hadden ze gevreeën. Voor het eerst sinds tijden. Het was misschien een ongepast moment geweest maar ze had er zelf op aangestuurd. Ze vond het fijn om hem te zien, maar ze had geen woorden kunnen vinden om met hem te praten. Dit was de enige manier om iets te voelen. Nadat ze was klaargekomen had ze lang gehuild. Alwin had haar dicht tegen zich aangehouden.

Op het nachtkastje lichtte het scherm van haar mobiel op. Ze zag dat Sandrine haar probeerde te bellen. Mika keek op de wekker. Het was pas net zeven uur geweest. Zo belachelijk vroeg gebeld worden kon alleen maar iets vreselijks betekenen. Ze kon het nu niet aan om op te nemen.

Ze kuste Alwin op zijn wang.

'Schat, ben je wakker?'

'Eh, ik denk het niet.'

Ze gaf hem nog een kus. 'Goedemorgen lieverd.'

'Nog even niet...'

Ze schudde aan zijn schouder. 'Alsjeblieft Alwin, wil je Sandrine even aanhoren?'

'Waar?' Hij opende een oog. Zijn piekharen stonden alle kanten op. 'Staat ze bij de deur?'

Ze schoot in de lach. 'Je bent inderdaad nog niet wakker. Natuurlijk staat ze niet nu al bij deur. Ze belde net. Ik kan het even niet aan, wil jij haar terugbellen?'

'Natuurlijk, geen probleem.' Alwin ging rechtop zitten. 'Maar waarom wil jij haar niet spreken?'

Mika dacht in een flits terug aan de ongemakkelijke gesprekken met Sandrine gisteren. Eerst over Abby's arrestatie en daarna toen Mika haar belde over de ontmoeting met Alex. En uiteindelijk de suggestie dat Abby die avond misschien wel meer dates had gehad dan alleen Alex. Maar Mika wist zeker dat haar zus dat nooit zou doen. Het leek alsof Sandrine het over iemand anders had gehad. Maar dat wilde ze allemaal niet aan Alwin vertellen.

'Ik ben te moe,' zei ze laf. 'Ik heb de hele nacht wakker gelegen.'

Alwin streelde kort haar arm. 'Dat begrijp ik lieverd, ik bel haar.'

Mika gaf hem haar telefoon en luisterde mee hoe Alwin in zijn steenkolenengels vriendelijk reageerde op de vragen die Sandrine achter elkaar in hoog tempo op hem afvuurde.

'Dat zal ik haar vragen,' beëindigde hij uiteindelijk de reeks antwoorden. 'Ik vermoed dat het geen probleem zal zijn.'

Hij hing op en gaf direct de telefoon aan haar terug. 'Ze vraagt of je naar beneden komt.'

'Nu?'

Alwin knikte. 'Ze was lastig te verstaan met dat zware Franse accent, maar voor zover ik het begreep, verontschuldigde ze zich voor het vroege tijdstip. Ze zei dat het erg dringend was. Het maakte niet uit of je in pyjama kwam, maar het moest wel zo snel mogelijk.'

'Belachelijk.' Mika haalde haar handen door haar haar. Ze bleven in een grote klit vastzitten. 'Wat een haast ineens. Beseft ze dan niet hoe zwaar het is? Ik heb echt een rustige start van de dag nodig.'

'Dat begrijpen we allemaal schat.' Hij streelde haar wang. 'Maar het klonk echt belangrijk.'

Mika gleed uit bed. 'Dat weet ik ook wel, maar jezus, Abby is net...'

'Echt iedereen begrijpt hoe zwaar het is voor je. Echt waar.'

Ze knikte, maar wist dat dat niet waar was. Niemand kon begrijpen hoe gehalveerd ze zich voelde. Het irriteerde haar dat Alwin dacht dat hij het zich wel kon voorstellen. Ze beet op haar onderlip. Niet huilen nu. Daar had Abby ook niets aan.

Snel pakte ze haar joggingbroek en deed een trui van Alwin aan. 'Vooruit maar. Bestel jij dan ontbijt?'

'Zoveel mogelijk. Alles op de kaart wat je lekker vindt.' Hij glimlachte. 'Het is superbelangrijk dat je wat eet. Zeker als je zo weinig slaapt.'

'Dat weet ik ook wel.' Ze schoof in de hotelsloffen die zeker een maat te groot waren. 'Anders ga je hallucineren.'

Nu lachte Alwin hardop. 'Zoiets ja.'

'Nou, doe dan maar veel pannenkoeken. Of als die er niet zijn... van die warme wafels. Met veel jam.'

'Zorg ik voor. Ga nu maar. Ze wacht op je in het kantoortje.'

22

Mika klopte op de deur en stapte meteen naar binnen. Sandrine stond voor het raam. Ze staarde naar de donkere straat en leek haar niet gehoord te hebben. Mika bleef in de deuropening staan en bestudeerde de rechercheur van afstand. Haar bobkapsel zat wat warrig maar voor de rest zag ze er zo vroeg op de ochtend al verzorgd uit. Een mooie blazer, hoge laarzen en een zwarte spijkerbroek. Het viel Mika nu pas op hoe tenger ze eigenlijk was, maar toch oogde ze ook stoer en sterk. Al kon ze niet precies benoemen waar dat nou door kwam.

'Zo, goed dat je er bent,' begon Sandrine, terwijl ze nog steeds naar buiten staarde. 'Ga zitten.'

Mika koos de kruk voor het bureau. 'Het is wel erg vroeg, moet ik zeggen.'

'Begrijp ik.' Sandrine draaide zich om en ging achter het bureau zitten. Ze was bleker dan gisteren, had grauwe wallen en hield een grote beker koffie vast. 'Ik heb ook heel wat cafeïne nodig. We hebben de hele nacht doorgewerkt. Zal ik ook koffie voor jou bestellen?'

Mika schudde haar hoofd. 'Wat kan ik voor je doen?'

'Ah, de beruchte Hollandse directheid. Alors, dat komt in dit geval ook wel goed uit. Ik heb namelijk een ongebruikelijk voorstel.'

'Ik luister.'

Sandrine veegde een lok uit haar gezicht. Het litteken op haar hoofd leek roder dan de dag ervoor. 'Ik zal eerlijk zijn. We willen deze moord echt zo snel mogelijk oplossen. Met alle mogelijke middelen.'

'Dat mag ik hopen, maar wie zijn we?'

'Goede vraag.' Sandrine pakte een pen van het bureau en tikte er gedachteloos mee op de rand. 'Kort gezegd, de stad Parijs. Burgemeester Hildalgo belde me vannacht al. De dood van zo'n bekendheid binnen de Franse modewereld is een drama voor de stad. Abby was erg geliefd, dat zul je begrijpen. Ze benadrukte dat de dader het liefst vandaag nog gevonden moet worden. De Parijse modeweken beginnen al over vijftien dagen. We kunnen niet hebben dat bezoekers, modehuizen of de internationale modepers bang zijn om daar aan deel te nemen. Dat zou een catastrofe zijn voor Parijs.'

Mika draaide heen en weer op haar kruk. Opnieuw klonk het alsof Sandrine niet over Abby sprak. Was haar zusje hier zo bekend? Daar had Abby nooit iets over verteld. Maar misschien had ze er zelf eigenlijk ook wel nooit naar gevraagd. Mika slikte. 'En hoe gaan jullie dat dan doen?'

'Op alle niveaus.' Sandrine sloeg nu harder met de pen op de rand. 'En zoals ik al zei, met alle middelen. Misschien af en toe op het scherpst van de snede...'

'Ik begrijp niet wat je bedoelt.'

'We buigen wellicht de formele regels een beetje. Misschien... Nou ja, alleen als het nodig is natuurlijk.'

'En is dat gunstig? Voor het vinden van de moordenaar?'

'Dat hopen we dan maar.' Sandrine zuchtte. 'Maar ik wilde je vragen of je er bezwaar tegen hebt als we wat dossierinformatie met je delen. Normaal doen we dat ook wel hoor, alleen met de naaste familie, maar vaak pas later in het onderzoek. Nu moeten we het tempo opvoeren. Is dat oké?'

'Dat denk ik wel,' zei Mika, hoewel ze nog steeds niet begreep wat Sandrine precies bedoelde. Maar ze kon er niet op tegen zijn dat Abby's moordenaar zo misschien sneller werd gevonden. Al was de achterliggende reden erg wrang.

'Mooi.' Sandrine sloeg de pen nu zo hard op tafel dat die brak. 'We hebben net de eerste labresultaten terug. Abby heeft die nacht met minstens twee verschillende partners gemeenschap gehad.'

Mika lachte schamper. 'Dat kan echt niet kloppen. Dat zou mijn zusje nooit doen.'

'De sporen liegen niet,' ging Sandrine onverstoorbaar verder. 'Op meerdere plekken in haar appartement is sperma gevonden.'

Op meerdere plekken, met meerdere mannen, galmde door Mika's hoofd. Wat was daar gebeurd? 'Weten ze van wie?'

'Nog niet.' Sandrine boog zich over het bureau heen. 'Verdiende ze misschien wat bij?'

'Is dit een grap?'

'Eigenlijk niet. We gaan gewoon alle mogelijkheden na.'

'Onzin. Dat is echt niets voor Abby. Ze koos haar dates altijd zorgvuldig uit. Bovendien, ze had geen geldnood.' Mika voelde haar wangen rood worden van woede, maar ze wist dat ze rustig moest blijven. Ze moest zo helder mogelijk blijven denken. De callgirl-suggestie was totaal bizar en doorpraten over Abby's gewone dates leek ook niet slim. Ze moest van onderwerp veranderen.

'Hebben jullie al verhoren afgenomen? Met Marcel? Die oude buurvrouw? En hadden jullie wat aan mijn beschrijving van Alex?'

'Alles loopt nog. Het ziet er interessant uit, maar daar kom ik snel op terug. Heeft Richard nog contact met je opgenomen?'

Mika schudde haar hoofd. 'Hebben jullie ook geen tips over hem binnengekregen?'

'Jawel hoor, een paar, die lopen we nu na.'

Sandrines telefoon, die midden op het bureau lag, begon te trillen.

'Excuseer me heel even,' zei Sandrine terwijl ze opstond en zich weer naar het raam toe draaide. '*Je vous écoute*.'

Mika dacht de stem van Andre, de assistent, te herkennen, maar voordat ze kon horen wat er gezegd werd hing Sandrine alweer op.

'Ik moet gaan. Ze hebben waarschijnlijk haar andere date op het bureau zitten.'

'Andere date?' herhaalde Mika terwijl ze op stond. 'Wie is dat dan?'

Sandrine glimlachte. 'Niet zo geschokt. Zo vreemd is dat hier niet, hoor. Zeker voor zulke mooie vrouwen als jullie. Die hebben hun dates hier voor het uitkiezen.'

'Klaarblijkelijk. Ik loop met je mee naar buiten.' Mika trok het pakje sigaretten uit haar zak. 'Wil je er ook een?'

Sandrine bedankte en hield de deur voor haar open. 'Het is Gilbert Duchasse. Dat is hier een bekende producent van realityprogramma's. *First Dates, Big Brother*...'

'Woont hij bij Abby op de gang?' onderbrak Mika het rijtje.

'Hoe weet je dat?'

Ze passeerden de receptie en liepen achter elkaar aan door de draaideur. Buiten begon het licht te worden, een dunne ochtendmist hing hoog tussen de muren. Op een bestelbusje van de bakker na was de binnenplaats nog volkomen verlaten.

Mika stak haar sigaret aan. 'Abby heeft weleens verteld over haar buren. Die Gilbert vond ze trouwens maar niks. Een gladde aal.'

'Dat kunnen soms de beste minnaars zijn.' Sandrine wees naar het pakje. 'Geef mij er trouwens toch maar een.'

Mika stak een sigaret voor haar aan en ze inhaleerden zwijgend.

'Ik ben al jaren gestopt. Al ver voor de kinderen kwamen,' zei Sandrine en ze nam meteen nog een trek.

'Ik ook.'

'Maar het blijft zo lekker.'

'Ja, helaas.' Mika wees naar Sandrines voorhoofd. 'Waar heb je trouwens dat litteken opgelopen?'

'Mijn eerste patrouille. Huiselijk geweld. Heel stom, ik stapte meteen tussen de twee in. Bleek zij een mes te hebben. Ze richtte op hem, maar ze raakte mij.'

'Heftig.'

'Nou, vooral dat ze niet hém had geraakt. Wat een klootzak was dat, zeg. Die had ze van mij een mes recht in zijn hart mogen steken.'

Mika schoot in de lach en kuchte tegelijk door de rook die ze inademde.

Sandrine sloeg haar op haar rug. 'Gaat het?'

Mika knikte.

'*Bien,* merci.' Sandrine drukte haar sigaret uit. 'Ik moet nu echt gaan, maar ik had nog een vraag. Dood door schuld… wat had Abby precies gedaan?'

Mika verslikte zich opnieuw. Wat stom. Ze was recht in Sandrines val gelopen. Even aardig doen, een gevoel van vertrouwen opbouwen en dan snel je scherpste vraag stellen. Het was een klassieke ondervragingstechniek. 'Ze had niets gedaan.'

'Nou, Abby is niet schuldig bevonden… dat is toch niet helemaal hetzelfde als niets gedaan.'

Mika zuchtte diep. Ze wist dat Sandrine gelijk had. Het was in ieders voordeel als de dader snel werd gevonden.

Sandrine was open geweest, nu moest zij ook wat toegeven. Anders zou ze blijven graven en zou het enige dat Mika echt niet wilde vertellen alsnog aan het licht komen.

'We zaten samen in de auto. Het regende keihard. Abby reed iemand aan. In het donker. Ze kon er echt niets aan doen, bleek later.' De beelden van het doodsbange meisje op hun motorkap kwamen ineens weer boven. Shit, ze had dit zo lang weggestopt. 'Maar ze hebben haar eerst wel vastgehouden. Een paar dagen lang in de cel.'

Sandrine keek haar onderzoekend aan. Mika kon niet inschatten of ze het verhaal geloofde.

'Dat is heftig,' zei ze uiteindelijk. 'Zouden die familieleden van het meisje misschien wraak kunnen zoeken?'

Mika deed een stap naar achter en struikelde bijna over haar sloffen.

'En dan Abby ombrengen? Nu nog? Nee, dat lijkt me echt zeer onwaarschijnlijk,' zei ze zo stellig mogelijk. Ze zag weer de wanhopige ouders van het meisje op het politiebureau. Ze zouden er zeker toe in staat zijn geweest, maar als ze dat Sandrine nu zou uitleggen, moest ze alles opbiechten. En daar was ze nog niet klaar voor. 'Nee, dat is echt te lang geleden.'

'Een minder waarschijnlijk scenario dus.' Sandrine gaf een tikje tegen haar schouder. 'Alors, sterkte vandaag. Het zal zeer moeilijk voor je zijn.'

Mika voelde meteen de tranen in haar ogen springen, en de steen in haar buik nog zwaarder worden.

'We moeten door,' zei ze, maar ze meende het niet. 'Hou je me op de hoogte?'

'Natuurlijk.'

Na een korte zwaai liep Sandrine gehaast de poort uit. Mika liet zich op een bankje zakken en stak nog een sigaret op. Ze had geen idee hoe ze deze dag moest doorkomen.

23

Is het ontbijt er al? appte ze Alwin terwijl ze haar peuk uitdrukte. *Ben over een kwartiertje boven.*

Geen haast. Ik app je zodra ze aankloppen, reageerde Alwin meteen.

Mika staarde naar haar telefoon. Zou ze het durven? De chat met Abby openen? Door hun gedeelde foto's scrollen? Hun flauwe grappen, haar laatste berichtje lezen?

Meteen stopte ze hem weg. Ze kreeg het al ijskoud bij de gedachte alleen. Nu kon ze nog doen alsof haar zusje even een paar dagen met vakantie was. Alsof ze zo meteen foto's van een ondergaande zon van haar zou kunnen krijgen of van een aantrekkelijke man op een fiets. Sinds Abby in Parijs woonde, deed ze dat vaker. Franse mannen op een fiets fotograferen, als een vreemd eerbetoon aan Nederland.

Uit het bestelbusje van de bakker klonk ineens een stampende beat. De chauffeur had zijn raampje opengedraaid en gebaarde dat hij zijn busje wilde keren. Mika schoof haar bankje iets naar achter zodat hij erlangs kon.

Daarna reed het busje met piepende banden weg.

Eigenlijk, als ze alles nu zo op een rijtje zette, was Abby als Parisienne inderdaad wel veranderd. Ze besteedde meer aandacht aan haar uiterlijk, maar niet te veel. Want dat was niet chic. Ze ging naar recepties van musea, openingen van galeries, concerten en had veel feesten van andere modehuizen. Toch had ze er niet veel over verteld.

Mika pakte opnieuw haar telefoon en staarde naar het Instagram-icoontje. Als ze het zou durven kon ze Abby's account bekijken. Misschien stond de moordenaar ergens op die beelden. Achteloos met een glas wijn in de hand, openlijk starend in de camera. Haar zus had de laatste tijd veel gepost over haar sociale leven en dat zag er wilder uit dan hun tijd in Rotterdam. Misschien waren twee dates op een avond dan toch geen uitzondering geweest?

Mika voelde een steek in haar buik. Was ze nou jaloers op een deel van Abby's leven dat ze niet had gekend?

'Miek?'

Ze keek op. 'Jezus, Richard. Waar kom jij ineens vandaan?'

Mika wist dat het haar ex-zwager was die recht voor haar stond, maar hij was bijna onherkenbaar. Zijn jas was gerafeld en de zoom was zwart van het vuil. Hij leunde op een kapotte bezemsteel, had een muts schuin over zijn oren getrokken en een blauw oog met een veeg geronnen bloed boven zijn wenkbrauw.

'Ze is dood hè,' zei hij met een slepende stem.

'Ja, Richard, het is zo vreselijk.' Mika stond op en omhelsde hem. Ze rook een sterke walm van de drank. 'Ze is vermoord.'

Richard sloeg zijn armen om haar heen. Samen begonnen ze meteen te huilen.

'Ik hield echt van haar,' zei Richard uiteindelijk.

Mika liet hem los. Ze zag dat de tranen strepen over zijn vuile gezicht hadden getrokken. 'Dat weet ik. Jullie hebben het ook goed gehad samen.'

Richard knikte. 'Ik zag de politieauto's in haar straat staan, toen wist ik het al.'

'Ik ook. Eigenlijk al een tijd. Maar het dringt nog steeds niet echt tot me door.'

'Het is als een plastic schild, waardoor je de wereld wel ziet, maar alles vaag blijft.'

Ze hield zijn blik een paar seconden vast. 'Zo is het precies.'

'Ik vind het wel best zo.' Richard trok zijn muts recht. 'Ik hoef niets scherp te zien.'

'Waar ben je de laatste dagen geweest?' Ze wees naar zijn vieze jas. 'Heb je op straat geslapen?'

Hij sloeg zijn ogen neer. 'Een Rode Kruis-hostel. Hier vlakbij. Ik wilde in Parijs blijven. Ik hoopte haar echt nog te vinden.'

'Kom. Dan kan je bij ons even douchen.'

Ze wilde zijn hand pakken, maar hij deed een stap naar achter. 'Nee, dat kan niet. Dan breng ik jullie in gevaar.'

'Nou, dat zal zo'n vaart niet lopen.' Ze legde een hand tegen zijn rug. 'Kom, Alwin is er ook. Dan kunnen we het samen over Abby hebben.'

Hij schudde zich los. 'Nee, echt Miek, dat kan niet. Kijk naar mijn oog. Dit zijn geen fijne jongens. Ze hebben me al een keer gevonden. Dat lukt ze vast nog eens. Het gaat om vijfentachtigduizend euro, hè. Dat laten ze niet gaan. En wie weet, pakken ze jullie dan ook.'

Haar telefoon trilde en Mika zag dat Sandrine een appje stuurde. *DNA bekend. Nieuwe videobeelden opgedoken. Bel je later.*

Ineens leek dit bericht onbelangrijk. Het ging niet om die dates, er was waarschijnlijk iets heel anders aan de hand.

'Hebben ze eerder gedreigd Abby iets aan te doen? Wisten ze waar ze woonde?'

Richard schudde zijn hoofd. 'Zeker niet. Daar heb ik op gelet. Heus. Ik laat Abby toch geen gevaar lopen?'

'Hoe weet je dat in godsnaam zeker? Kijk naar jezelf! Zo vroeg al zo dronken. Hoe kan jij nou in de gaten hebben gehad of die mannen haar hadden gevonden? Je moet naar de politie, Richard.'

Hij deinsde achteruit en struikelde half over zijn eigen voeten. 'Nee, dat kan niet. Nee, echt Miek. Geen politie. Echt niet. Te gevaarlijk.'

'Dat kan me geen ruk schelen. Die kerels moeten worden opgepakt. Je moet je nu melden. Kom.'

Ze wilde hem bij zijn arm pakken, maar in een ongecontroleerde beweging duwde hij haar van zich af. Ze gleed uit en viel bijna naar achteren, maar kon zichzelf nog net op tijd ondersteunen.

'Miek, sorry, sorry. Echt, sorry. Kom, laat me je helpen.'

Richard deed een stap naar voren en wilde haar overeind helpen, maar ineens hoorden ze Alwin schreeuwen.

'Richard, klootzak! Laat haar los.'

Richard schrok op. 'Alwin? Ik heb niets gedaan, echt niet, ik...'

'Blijf staan!' Alwin kwam recht op hem afgerend. 'Jij eikel...'

'Sorry.' Richard keek haar heel kort aan en rende toen de binnenplaats af. Zijn jas wapperde achter hem aan.

Alwin stond hijgend naast haar. 'Gaat het, lieverd?'

'Ja, hij heeft echt niets gedaan. Ik ben oké.'

'Zal ik achter hem aan gaan?'

Ze schudde haar hoofd. 'Die komt niet ver. Hij was nog dronken en ik weet nu waar hij logeert. Ik bel Sandrine meteen wel even.'

Terwijl de telefoon overging, probeerde Mika snel te bedenken hoe ze dit met de politie moest delen zonder Richard in de problemen te brengen.

'Goed dat je belt,' hoorde ze Sandrine al zeggen.

'Ja. Ik wilde even melden dat ik Richard heb gesproken...'

'Er is een nieuwe ontwikkeling,' viel Sandrine haar in de rede.

'O, oké.' Mika's hart sloeg een slag over. Ze probeerde Alwins blik te vangen, maar hij keek geïrriteerd naar twee gasten die een lawaaierige koffer voorttrokken. 'Vertel.'

'Het sperma was van beide buurmannen. Alex en Gilbert. Het zat verspreid over het hele appartement.'

'Oké,' zei ze weer bij gebrek aan een betere reactie.

'Je zus had ook striemen op haar polsen,' ging Sandrine gehaast verder. 'En beurse plekken op haar lichaam. Sporen van geweld dus. We gaan die twee kerels nu verhoren.'

'Jeetje.' Ze zag Alex weer voor zich staan. Hij leek oprecht geschrokken. Ontredderd zelfs, verdrietig. 'Hebben ze het dan samen gedaan?'

'Die conclusie is te vroeg. We gaan stap voor stap. Anders missen we misschien iets. En wat zei je over haar ex?'

'Ik heb zijn adres.'

'Hier in Parijs?'

'Yep. Zal ik het je sturen?'

'Graag.'

'En nog iets… hij leek echt bang voor die bende die geld van hem wil. Het zou best kunnen dat ze…'

Ze hoorde Sandrine wat tegen een collega roepen.

'Goed Mika,' zei ze afwezig. 'Sorry, ik moet ervandoor. Je hoort van ons.'

Meteen hing Sandrine op.

Mika googelde het hostel en appte het adres aan haar door. *Zou hem snel opzoeken. Hij heeft iets te vertellen,* schreef ze eronder.

Alwin liep op haar af en sloeg een arm om haar heen. 'Kom schat, we gaan naar boven. Je wafels worden koud.'

24

Na het ontbijt besloten ze ter afleiding een wandeling langs de Seine te maken. Ze waren niet de enige, de kades waren overvol. Jonge Parijzenaars deden trucs met hun skateboards, toeristen maakten foto's met de Notre-Dame op de achtergrond – die nog steeds in de steigers stond – en ze zag twee oudere stellen die verhit met elkaar in gesprek waren. Een waterige winterzon gaf net een beetje warmte en kleurde de loom stromende rivier zilverachtig.

'Je moet Richard echt niet meer ontmoeten,' begon Alwin weer. 'Ik vertrouw hem niet.'

'Dat zei je al. En nogmaals, hij zoekt mij op.'

'Dat zegt toch genoeg? Ik denk dat die vijfentachtigduizend euro verzonnen is.'

'Waarom zou hij dat doen?'

'Doe nou eens niet zo naïef.'

Mika schopte tegen een steentje. Al de hele ochtend liepen hun gesprekken stroef. Alwin zat in de vaderlijke regelmodus. Hij had het continu over wat ze wel en niet moest doen. Maar over haar zusje spraken ze niet.

'Zo'n gek idee dat Abby hier misschien ook vaak heeft gelopen,' probeerde ze opnieuw. 'Of misschien haatte ze de kades juist. Ik weet eigenlijk zo weinig over haar leven hier...'

'Dat verbaast me niets.'

Ze bleef staan. 'Waar slaat dat nou weer op?'

'Volgens mij was ze hier vooral druk met zichzelf.' Hij maakte dubbele aanhalingstekens in de lucht. 'Even helemaal "lekker vrij van alles en jezelf zijn".'

Mika's ogen prikten. 'Wat een rotopmerking.'

'Het is toch waar?'

'Ze moest gewoon bijkomen van die zware jaren.'

'Ja sorry hoor, ik weet ook heus wel dat ze het niet gemakkelijk heeft gehad.' Hij masseerde gedachteloos zijn nek. 'Zeker na de dood van Livia. En daarna die klotescheiding van die lul. Maar dat betekent niet dat... '

Op hun beide telefoons kwam een berichtje binnen. Alwin pakte die van hem uit zijn jaszak.

'Pien stuurt een foto.' Hij draaide het scherm naar haar toe. 'Van de jongens.'

Ze zag Dennis en Sep breed lachend naast Sammy aan tafel zitten met een hoge stapel pannenkoeken voor hun neus.

'Ik bel haar even.'

'Nu?'

'Ja nu,' zei ze terwijl ze haar telefoon uit haar tas viste. 'Ik heb zin om de jongens te spreken.'

'Zou je dat wel doen? Het gaat heel goed, zo te zien. Pien

en Sammy zijn de ideale oppas. En trouwens, wat ga je zeggen?'

'Ik wil alleen hun stemmen horen.'

De telefoon ging maar kort over voordat ze Pien in beeld kreeg.

'Ach lieve schat. Hoe gaat het daar?'

Pien stond langs een hockeyveld. Op de achtergrond zag Mika Dennis op het doel afrennen.

'Klote.'

'Begrijp ik. Ik denk elke seconde aan je.'

'Dat is lief, dank je.'

Pien schudde haar hoofd. 'Het is echt niet te bevatten.'

'Precies.'

Plotseling rende Sep achter Pien door het beeld. Hij hield een hockeystick gevaarlijk hoog in de lucht.

'Wil je je zonen even aan de lijn?' vroeg ze.

'Graag.'

Tegelijkertijd verschenen de twee jongens in beeld. Ze gilden door elkaar heen. Gaven haar handkusjes en hadden het vooral over Stan die een hele pannenkoek van tafel had gejat.

Mika moest lachen. Ondanks alles.

Dennis duwde zijn broertje uit beeld. 'Heb je de Eiffeltoren al gezien?'

'Zeker.' Mika draaide haar camera om. 'Kijk, daar is–ie. Ooit gaan we hem samen beklimmen. Oké?'

'Hoelang blijven papa en jij nog in Parijs?' vroeg Sep ineens op de achtergrond.

Mika keek naar Alwin die zijn schouders ophaalde. Ze hadden besloten de jongens nog niets te zeggen.

'Zodra we hier klaar zijn,' zei ze cryptisch. 'Het duurt niet lang meer.'

Seps gezicht verscheen nu op het schermpje. 'En komt tante Abby dan mee?'

Mika zweeg. Ze wist dat als ze zou praten ze zeker zou gaan huilen.

'Jongens, kom op,' hoorde ze Pien zeggen. 'Wie wil er nog een paar keer op het doel slaan?'

'Dank je,' fluisterde ze terwijl ze haar zonen terug het veld op zag rennen.

'Vanzelfsprekend, *no worries.* En blijf daar zo lang als het nodig is. We hebben het hier prima.'

Mika hing op en keek strak naar Alwin. 'Wat kan je toch af een toe een hork zijn.'

'Wat nou? Wat deed ik?'

'Weet je... ik praat eigenlijk liever met Eric dan met jou over Abby.'

'Met haar baas, die weirdo? Die lijkt me pas echt onbetrouwbaar.'

'Ja, met die weirdo. Die ik helemaal niet ken. Maar die beter weet wat ik voel dan jij.'

'Kom op Miek.' Alwin wreef over haar arm.' Je bent moe. Dat begrijp ik. En ik weet het, ik kan koppig zijn, sorry daarvoor, maar...'

Ze schudde hem van zich af. 'Ik wil even alleen zijn.'

'Echt?

Ze knikte. 'Ik ga nog een stukje lopen. Ik zie je zo bij het hotel.'

Zonder hem aan te kijken draaide ze zich om en stak snel de Quai de Tuileries over.

Ze liep dwars door het park heen, waar kinderen hun bootjes in de vijver lieten varen en groepjes mensen bij elkaar op de bekende groene parkstoeltjes zaten. Ze verwonderde zich er opnieuw over dat die elke avond onbeschadigd in het park achterbleven. Dat niemand er eentje mee naar huis nam.

Voor de glazen pyramide van het Louvre bleef ze staan. Het was druk op het grote plein. Abby had af en toe een fotootje gestuurd als ze hier was geweest. Vaak met een vriendin of vriend aan haar arm. Ze had een abonnement maar Mika had eigenlijk geen idee waarom ze er zo vaak heen ging.

Ze ging op een muurtje zitten en belde Eric.

'Hé daar, goed dat je belt.'

'Vertel eens over haar vrienden,' vroeg Mika direct.

Eric leek het een volstrekt normale vraag te vinden en begon meteen uit te leggen hoe Abby's vriendenkring in elkaar zat. Dat ze goed was met haar collega's, ook wat vriendinnen had gemaakt bij een fietsclubje en was gaan beeldhouwen.

'Echt? Dat laatste heeft ze me nooit verteld.'

'Misschien wilde ze je verrassen. Met een mooi beeld.'

'Ging ze met die cursusgroep veel naar musea?'

'Dat zou heel goed kunnen.'

De rij voor de ingang van de piramide zwol aan.

'Wist je dat ze "vriend van het Louvre" was?' vroeg ze.

Eric schoot in de lach. 'Ja zeker, ze wilde me ook altijd meesleuren. Trouwens, ik denk dat jij wel op haar pas naar binnen kan.'

'Ik mag nog niet bij haar spullen.'

'O nee, natuurlijk niet.'

Mika stak een sigaret op. 'Maar ik denk dat ik het nu ook niet zou aankunnen. Haar kleren, boeken, servies, de fucking inhoud van haar ijskast...'

'Niet te doen inderdaad. Ik kan je helpen met het uitzoeken. Zodra het weer mag.'

'Misschien ja,' zei ze, maar ze wist dat ze het alleen zou doen. Ooit.

Samen waren ze even stil. Ze hoorde dat Eric een slok nam. Koffie waarschijnlijk. Of zou hij al aan de wijn zitten?

'En dat café tegenover haar, kwam Abby daar vaak?' vroeg ze uiteindelijk.

'Volgens mij wel. Iedereen heeft hier zijn vaste buurtcafé.'

'Heb jij namen van die vrienden? Of van die clubjes?'

Eric nam nog een slok. 'Niet allemaal. Wil je die doorgeven aan de politie?'

'Ook, maar vooral om ze een condoleancekaart te kunnen sturen.'

Mika veegde een traan van haar wang. Ze had er nog niet over na willen denken. De begrafenis. Wanneer het zou kunnen. Waar het zou moeten. Welke muziek Abby zou willen horen. Zolang de politie haar lichaam nog niet had vrijgegeven, kon ze ook nog niets plannen. Maar toch kon ze het idee niet veel langer wegdrukken.

'Ah ma chérie,' zei Eric alleen.

Mika drukte haar sigaret uit. 'Ik ga weer even lopen. Bel je misschien later.'

'Alles goed lieverd, maar nog even een dingetje.'

Ze stond op en trok haar jas recht. 'Vertel.'

'Het blijkt dat die dokter Diallo, haar buurman, een bekende neurochirurg is. Met jarenlange ervaring in open hersenoperaties.'

'Wat?' Ze ging weer zitten. 'Hoe weet je dit? Hoe wist je zijn naam eigenlijk?'

'Gewoon even googelen. Maar dat is heftig toch?'

Ze zag een opengezaagde schedel. Overal bloed. De paniek in Abby's ogen. Nee, niet aan denken. Niet aan denken, sprak ze zichzelf toe. Denk aan iets fijns. Samen met vakantie. Ibiza.

'Mika? Gaat het?'

Ze ademde diep in. 'Heel heftig ja. Ik ga meteen Sandrine bellen.'

25

Mika schoof haar stoel op het terras voor Abby's appartement wat naar achter en checkte opnieuw haar telefoon. Natuurlijk had Sandrine niet teruggebeld. Ze zat nog bij de patholoog, had ze in een bericht uitgelegd. Het kon zeker nog wel een half uur duren. Ze zag wel een appje van Alwin met de vraag of ze oké was.

Vlug tikte ze een berichtje terug. Dat ze zich beter voelde en over een uurtje in het hotel zou zijn om samen te gaan lunchen. *Ik hou van je*, schreef ze als laatste. Ze voelde zich schuldig over hoe bot ze was weggelopen. Ze kreeg een hartje terug.

De ober kwam naast haar staan en zette een café au lait op tafel. 'Zeker weten dat u geen glas wijn wilt? Of een pastis misschien? Dat vond uw zus altijd zo lekker.'

Voor de derde keer bedankte Mika hem. Het was een aardig joch, dat zodra ze ging zitten over Abby was begonnen. En hoe erg ze op elkaar leken. Hij had gezegd nog steeds geschokt te zijn.

'Zo'n gruweldaad, gewoon hiertegenover. Dan komt het zo dichtbij,' had hij gestameld.

Hij heette Patrick en zei verder dat Abby vaak even hier op het terras van Café Leopold kwam zitten. Beetje bijkletsen over de buurtroddels, noemde hij het. En dat ze voor de lunch meestal de salade met warme geitenkaas en geroosterde amandelen nam.

Ongetwijfeld allemaal lief bedoeld, maar het had ook iets drammerigs. Natuurlijk kon hij niet weten dat ze sinds het debacle van drieëntwintig jaar geleden nauwelijks alcohol dronk. Maar toch bleef hij maar vragen stellen, of de politie al meer wist, of er verdachten in beeld waren. Eigenlijk was hij té nieuwsgierig, ze kon zijn naam maar beter ook aan Sandrine doorgeven.

'*Nom de Dieu*,' riep ineens een oude man aan het begin van het terras. Hij stond doodstil terwijl hij Mika aanstaarde. 'Merde. *C'est pas possible*!'

Patrick zwaaide naar hem. '*Calme*, Marcel, doe maar rustig. Dit is Abby niet. Het is haar zus.'

'Incroyable,' zei Marcel terwijl hij op haar afliep. 'Ik schrok me dood. Gecondoleerd met uw zus.'

Pas nu de conciërge dichterbij kwam herkende ze hem. Ze had hem ontmoet tijdens Abby's verhuizing. Hij had een forse buik en leek met zijn donzen jack net een michelinmannetje. Zijn lange snor had gele strepen van de rook.

'Ga zitten. Wilt u er misschien eentje?'

Mika bood hem een sigaret aan die hij weigerde. In

plaats daarvan bestelde hij bij Patrick een vin chaud.

'Hoe is het met u, madame? Ik heb zo met u te doen,' begon hij meteen. 'Ze lag gewoon om de hoek. Niet te geloven toch?'

'Nee, niet te geloven.'

Hij klakte een paar keer met zijn tong. 'Ik heb het al tegen de politie gezegd. Maar ik zeg het ook nog eens tegen u. Dat moet een gek zijn geweest. Uit de banlieues, Saint Denis ofzo. Een doorgedraaide Afrikaanse immigrant, of een inbreker die via de brandtrap naar boven is geklommen. Ik ben niet racistisch hoor, maar daar hoor je toch zulke gekke verhalen over.'

Ze roerde in haar koffie. 'Nou, dat lijkt me sterk.'

'Dit is een hele keurige buurt. Normaal gebeurt zoiets gruwelijks hier niet,' ratelde hij onverstoorbaar door. Hij leek haar opmerking niet gehoord te hebben. 'Die moet uit een ander arrondissement zijn gekomen. Dat kan niet anders. Ik heb de politie de videobeelden gegeven. Kunnen ze het zelf ook zien...'

'Heeft u ze de videobeelden gegeven?' onderbrak ze hem en ze ging rechterop zitten. 'Waar hing die camera?'

Marcel pakte nu wel een sigaret uit haar pakje. 'Ik weet dat het natuurlijk niet mag. Vanwege privacy en zo. Maar we hebben ze wel, op elke etage, bij de lift. En die vangen dan ook een deel van de gang. Je weet het nooit hè, met die Algerijnse pakjesbezorgers. Het is natuurlijk allemaal voor de veiligheid van de bewoners.'

'Natuurlijk,' herhaalde ze en ze wilde eraan toevoegen

dat hij wel degelijk een racist was, maar dat kon ze beter aan Sandrine vertellen. 'En buiten? Hingen daar ook camera's?'

'Nee, dat is echt verboden.' Marcel nam de warme wijn van Patrick aan. 'Maar jullie hebben hier toch wel een camera? Anders gaat dat tuig 's nachts met jullie terras aan de haal.'

'Die beelden hebben we ook al aan les flics gegeven,' bevestigde Patrick.

Alle drie keken ze tegelijkertijd naar de steeg waar inmiddels de doeken waren weggehaald. Mika zag de afgebladderde ingang van een parkeergarage, drie grote vuilcontainers, in de hoek lag een oude fiets en er zat nog wat vage graffiti op de muur van de Gilets Jaunes, de mensen in gele hesjes die in 2018 steeds demonstreerden. Het leek nu weer een gewoon straatje.

Had Abby nog geleefd toen ze daar lag? In de kou?

Mika kreeg het gruwelijke beeld maar niet uit haar hoofd. Ze stak nog een sigaret op. 'Zijn er vaker problemen geweest in het appartementengebouw?'

'Niets eigenlijk. Allemaal hele brave burgers die daar wonen.' Marcel blies in zijn wijn. 'Jullie maken die troep te warm trouwens. Ik brand mijn tong, man.'

'Moet je tegen kunnen hoor.' Patrick haalde zijn schouders op. 'Soms was er toch wel wat geluidsoverlast van dat stel uit Senegal? Die dokters. Hij maakt volgens mij muziek. Met van die trommels.'

'Djembé misschien?' zei Mika en nam een slok van

haar koffie die nu al lauw was geworden. 'En verder in de buurt?'

Patrick gebaarde naar een vrouw bij de deur dat hij eraan kwam. 'Het is hier eigenlijk altijd heel rustig. Maar dat heb ik al tegen de politie gezegd. Alleen inbraken, die vinden regelmatig plaats.'

'Precies, dat zei ik ze ook al. Dat lijkt mij toch echt het meest logische. Er is hier veel te halen hè. Allemaal steenrijke lui. Dat trekt tuig aan. Gekken ook,' vulde Marcel aan. Hij trok aan zijn baardje. Mika zag afgekloven nagels. 'Ik heb meteen nieuwe sleutels voor alle bewoners besteld.'

Het leek haar niet de oplossing voor het probleem, maar Marcel leek haar niet de persoon om daarover een inhoudelijke discussie te voeren. Zijn inbraaktheorie kwam haar nogal onwaarschijnlijk voor. Er waren helemaal geen braaksporen gevonden en bij Abby was niets van waarde meegenomen.

Haar telefoon trilde. Ze zag een berichtje van Alwin – dat hij voor de lunch een lekker restaurantje aan het plein had gereserveerd – en een van Sandrine. *Ik ben over een uur in je hotel. We moeten praten.*

Meteen stond ze op. 'Ik ga. Hoeveel krijg je van mij?'

'Deze is van het huis,' zei Patrick en gaf haar een klopje op haar schouder. 'Veel sterkte nog. En als we nog iets kunnen doen...'

'Ja, we zullen altijd helpen,' zei Marcel maar hij bleef zitten. 'En ik hoop dat ze hem snel vinden. Ik zeg u... een inbreker. Zonder twijfel.'

26

‘Kom op, eet nog wat.’

Mika keek naar haar moules-frites. De helft had ze al opgegeten, maar meer leek haar onmogelijk. ‘Weet je, ik ben bang dat Sandrine dingen gaat zeggen die ik echt niet wil horen.’

Alwin nam een slok wijn. ‘Waar denk je dan aan?’

‘Details van die nacht… fysiek vooral. Of ze pijn heeft gehad.’

‘Schat toch.’ Hij pakte over tafel haar hand.

Mika kreeg tranen in haar ogen. ‘Ik heb haar niet kunnen beschermen.’

‘Maar lieverd, dat is toch ook niet jouw taak.’

Jawel, dat was het wel, dacht ze, maar ze zei niets.

‘Het niet weten en maar blijven gissen naar wat er gebeurd zou kunnen zijn is uiteindelijk veel erger.’ Alwin streelde haar hand. ‘Ik dacht trouwens dat je ging zeggen dat je voor iets anders bang was.’

Ze depte met haar servet haar ogen. ‘Voor wat dan?’

Hij kuchte. ‘Dat lijkt me logisch.’

'Voor Richard?'

'Onder andere. Ik geloof niet dat een bende hem achtervolgt, hij is zelf gewoon superlabiel.'

'Dat zou hij nooit doen.'

'Dat zijn jouw woorden.' Hij trok zijn hand terug. 'Ik schat hem echt heel anders in, hoor. En dat ga ik de politie ook zeggen.'

'Dat kun je niet maken.'

'Jawel, want ik maak me zorgen om jouw veiligheid.'

Ze pakte toch nog een frietje van haar bord, maar legde het meteen terug. Zo buiten op het terras werden die eigenlijk te snel koud. 'Hij was echt verdrietig.'

'Miek, luister nou, hij heeft Saskia mishandeld. En Abby ook. Hij is gevaarlijk.'

Ze schudde haar hoofd. 'Ik vind het nog steeds ongeloofwaardig dat dat is gebeurd. Abby zou het zeker hebben gezegd...'

'Kap daar nou eens mee. Het is nu toch wel duidelijk dat Abby je niet alles vertelde.'

Mika keek over het plein. Twee au pairs liepen verveeld achter hun kinderwagens. Vlak bij haar zat een vrouw in het winterzonnetje te lezen. Dat had zo haar zus kunnen zijn. Maar misschien had ze daar ook wel nooit gezeten. Eigenlijk had ze geen idee wat Abby op een vrije middag had gedaan. Of waar ze haar weekenden had doorgebracht.

'Je hebt gelijk.' Ze zuchtte. 'Ik weet heel weinig.'

'Precies. Maar ook als het Richard niet is geweest, heb je

een groot probleem. Dan loop je alsnog gevaar. De dader weet jou namelijk vast ook wel te vinden.'

'Hoe dan?'

'Stel, het is een van de mannen met wie Abby recent heeft gedatet. Inmiddels weten die natuurlijk ook het een en ander over jou. Je zus zal ongetwijfeld veel over je hebben verteld. Zo'n vent zal jou dan ook snel in beeld hebben. Even wat rondvragen in de buurt en dan herkent hij je op straat natuurlijk meteen.'

'En dan?'

Hij trok zijn wenkbrauwen op. 'Wat bedoel je, en dan?'

'Wat zou hij dan willen doen?' Ze schoof het bord van zich af. 'Mij ook vermoorden? Wat zou dan in godsnaam zijn motief zijn?'

'Weet ik veel.' Alwin begon steeds harder te praten. 'Jij weet toch ook niet waarom Abby is vermoord? Dat doet er nu helemaal niet toe. Het gaat er mij om dat jíj gevaar kan lopen. Daar wil ik het met Sandrine over hebben.'

'Het kan mij geen ruk schelen. Al wurgen ze me ter plekke.'

'Doe eens normaal zeg.' Hij gooide zijn servet op tafel. 'Je bent de moeder van mijn kinderen.'

En ik ben ook je vrouw, vulde ze in gedachten aan. Maar ze had geen zin in een discussie en pakte haar sigaretten uit haar tas. 'Wil je er een?'

'Serieus? Ben je nou weer gaan roken? Ik dacht het al. Echt niet te geloven.'

Ze pakte een lucifersdoosje met het gouden logo van het

café erop. 'Ik kan het niet echt goed doen hè. Sorry hoor, dat ik zo'n teleurstelling ben voor je.'

Alwin gooide zijn hoofd in zijn nek. 'Jezus Miek, reageer toch niet zo kinderachtig. Dit is serieus. Je bent hier simpelweg niet veilig.'

'Jij dénkt dat ik niet veilig ben.' Ze blies de rook in zijn gezicht. 'Het zal mij niets verbazen als de politie daar heel anders over denkt. Er is geen enkele aanwijzing dat iemand me dood wil hebben.'

'Die had Abby ook niet.'

Zonder elkaar aan te kijken vielen ze allebei stil. Mika moest erkennen dat ze eigenlijk geen flauw benul had of Abby zich eerder bedreigd had gevoeld. En als haar zus wel een vermoeden had gehad, had ze dat waarschijnlijk ook nooit tegen haar gezegd. Abby wist hoe ongerust ze zich anders had gemaakt.

Mika drukte haar half opgerookte sigaret uit. 'Ik ga.'

'Nu al?'

'Ja, ik denk dat Sandrine er al zal zijn.' Ze pakte haar tas. 'Bovendien zijn wij toch wel uitgepraat.'

Alwin wenkte naar de ober. 'Wacht even, dan betaal ik snel de rekening.'

'Nee, ik wil niet dat je meegaat.'

'Hè?'

'Ik heb geen zin in nog een preek over de risico's die ik loop.' Ze stond op. 'Ik wil het over Abby hebben. En Sandrine wilde trouwens met míj praten. Dat schreef ze heel expliciet.'

Alwin keek haar hoofdschuddend aan. 'Ik vind het onverstandig. En ik vind dat je weer heel raar reageert. Maar omdat je zusje net is...'

Hij zweeg. Misschien omdat ze hem woest aankeek. Of misschien raakte hij zelf wel geëmotioneerd. Maar het was duidelijk dat verder discussiëren geen zin had.

'Ik app je wel als ik klaar ben,' zei ze snel.

Mika draaide zich om en terwijl ze schuin het plein overstak voelde het alsof Alwins blik een gat in haar rug brandde. De laatste tijd hadden ze zo vaak discussies. Meestal over onbenullige dingen, maar hier in Parijs ging het opeens echt ergens over. Werden ze ook steeds pijnlijker. En voor het eerst had Mika het gevoel dat het beter was geweest als Alwin niet was gekomen. Ze had zich ook zonder hem prima gered.

Bij de poort van het hotel zag ze al een blauwe auto staan. Een agent in uniform stond ernaast. Hij knikte haar toe. 'Madame de rechercheur wacht binnen op u.'

27

'Dank u, goed dat u het meldt,' zei Sandrine in het Engels door de telefoon. 'We noteren het natuurlijk. Hoewel het nu minder van belang lijkt.'

Ze wenkte Mika te gaan zitten.

'Natuurlijk, dat zal ik doen,' ging Sandrine verder en schoof weer achter het bureau. 'Ja, u ook nog een fijne middag.'

Mika ging zitten en zag in de lage middagzon het stof uit het kussen omhoog dwarrelen. Hoewel het hotel schoon was, leek deze kamer door het huishoudelijk personeel al jaren te zijn overgeslagen. De ordners in de kast waren door de stoflaag zelfs helemaal grauw geworden.

Sandrine deed de telefoon terug in haar tas en schoof haar stoel aan. 'Fijn dat je er bent. Hoe gaat het met je?'

'Matig,' zei Mika. Meer woorden leken niet nodig.

'Dat begrijp ik. En dat zei je man ook al.'

Mika trok haar wenkbrauwen op. 'Mijn man?'

'Die belde net. Had hij dat niet verteld? Over dat akkefietje met Richard.'

'Akkefietje?'

'Dat Richard je vanochtend had aangevallen. Gaat het nu weer?'

Mika klemde haar kiezen zo hard op elkaar dat haar kaak trilde. Hoe durfde Alwin dit te doen? Achter haar rug om toch de politie inlichten. 'Er was niets aan de hand. Richard struikelde en raakte in zijn val per ongeluk mij ook.'

'Ach, het maakt nu toch niet meer zoveel uit,' zei Sandrine met een wegwerpgebaar. 'We zijn nog naar dat hostel geweest, maar daar stond Richard niet meer ingeschreven. Wij vermoeden dat hij alweer is vertrokken. Maar goed, daar wilde ik het niet met je over hebben.'

Mika schoof heen en weer op haar stoel. Sandrine leek anders naar haar te kijken. Voor het eerst zag ze medelijden in haar blik. 'Ik weet niet of ik het wil horen.'

'Dat begrijp ik,' zei Sandrine weer. Ze glimlachte flauwtjes. 'Ik zal het kort houden. Zoals ik je al eerder zei is deze zaak absolute topprioriteit. We hebben met een heel groot team heel hard gewerkt. DNA, vingerafdrukken, interviews, een reconstructie van de plaats delict. We kregen in een korte tijd een steeds duidelijker beeld. En toen kwamen de videobeelden...'

Terwijl Sandrine aan het praten was, leek ze steeds verder weg. Mika hoorde de woorden wel en zag Sandrine praten, maar ze kreeg slechts flarden van het verhaal binnen. Het was alsof ze naar een film keek waarin langzaam het geluid werd uitgedraaid.

'Een lang figuur,' hoorde ze Sandrine alleen nog zeggen, 'In het zwart gekleed, met een grote hoody aan.'

Mika knikte de hele tijd, ze wilde niet dat Sandrine stopte. Maar het lukte haar niet de nieuwe informatie op te slaan. Het verhaal leek een glibberige aal die ze maar niet te pakken kreeg.

'En daarom kunnen we dus maar één conclusie trekken,' besloot Sandrine.

Nu bleef het stil.

Sandrine keek haar verwachtingsvol aan, maar Mika had geen idee of ze de conclusie al had uitgesproken.

Verdorie, ze had Alwin wel moeten meenemen. Zo ging het altijd met slecht nieuws. Je hoorde maar de helft en de andere helft vergat je meteen als je wegliep. Zo was het met de dood van haar ouders ook gegaan. En toen ze op het politiebureau hoorden dat het meisje was overleden, gebeurde precies hetzelfde.

'Sorry, ik weet niet helemaal wat je bedoelt,' zei ze zacht.

'Dat dus zowel op de beelden in de gang, als die van de steeg, vermoedelijk dezelfde figuur te zien is,' articuleerde Sandrine nadrukkelijker.

'Dat is gunstig, toch?' Mika nam zich voor nu echt heel geconcentreerd te luisteren en schoof haar stoel wat dichter naar het bureau. 'En die hebben jullie herkend?'

'Zoals ik al zei valt die persoon door de hoody en grote sjaal niet te identificeren. Bovendien zijn de nachtbeelden erg onscherp. We kunnen gelukkig een paar zaken wel duidelijk onderscheiden.'

Sandrine stak haar vingers in de lucht. Alsof Mika voor het eerst rekenles kreeg. 'Ten eerste, de figuur was lang. Ten tweede, hij is die avond urenlang bij Abby binnen geweest. Ten derde, we hebben hem ook gespot in de steeg. En ten vierde was dat 's ochtends vroeg, met een steekkar. Omdat de camera van het café maar een gedeeltelijk beeld geeft, hebben we niet kunnen zien wat er op die kar lag. We vermoeden dat het Abby's lichaam was.'

Mika kneep in haar bovenbenen. Deels om erbij te blijven maar vooral om de trillingen in haar spieren te stoppen. 'Waren er nog meer mensen op de beelden te zien?'

'Alleen Gilbert Duchasse. Haar overbuurman. Onmiskenbaar. Zijn leren jas en glimmende schoenen waren duidelijk in beeld. Hij is niet lang bij Abby binnen geweest. Twintig minuten hooguit. Precies zoals hij zelf ook al had getuigd.' Sandrine veegde een denkbeeldige kruimel van het bureau. 'Maar we kunnen hem verder uitsluiten. Op de beelden van de steeg is hij niet te zien en hij blijkt een waterdicht alibi te hebben.'

Een rilling kroop via Mika's nek omhoog. 'Dat betekent dat het alleen nog om Alex Diallo gaat.'

'Precies, een bekende neurochirurg, zoals je volgens mij al had gehoord. Met jarenlange ervaring in open hersenoperaties. Hij had de benodigde vaardigheden, om het wat cru te zeggen. Sorry daarvoor. En we vonden de hoody in de wasmachine in zijn appartement.'

Nu leek al het geluid uit de kamer te zijn verdwenen. Mika hoorde alleen nog het bonzen van haar eigen bloed.

Sandrine stond op, liep naar Mika toe en schoof een krukje dichterbij. 'Het is heel veel informatie om te verwerken, dat begrijp ik.'

Mika knikte alleen. Het lukte haar niet iets te zeggen.

'Zoals nu wel duidelijk zal zijn, hebben we Diallo direct gearresteerd.' Sandrine vouwde haar handen samen. 'We zullen de komende tijd ongetwijfeld meer details te horen krijgen.'

'En wat zegt...' Mika nam een hap lucht. Ze keek naar haar handen. Die hadden hem aangeraakt. De moordenaar van haar zus. Ze veegde ze aan haar broek af. 'Wat zegt hij zelf?'

Sandrine stond weer op. 'Hij ontkent natuurlijk. De lafaard.'

'Wat zou zijn motief kunnen zijn?' vroeg Mika. Ze had haar stem gelukkig weer onder controle. 'Hij leek echt geschokt.'

'De slimsten zijn altijd de sluwsten. Ze denken je te kunnen bespelen. Levensgevaarlijk, blijkt maar weer.' Sandrine legde een hand op haar schouder. 'Maar we komen er wel achter. Dat beloof ik je. Die gast gaat jarenlang de gevangenis in, daar zal ik persoonlijk voor zorgen.'

'En wanneer komt Abby's lichaam dan vrij?'

Een harde klop klonk op de deur.

'Kom binnen,' zei Sandrine en ze liep naar de deur. 'Fijn dat je zo snel kon komen.'

Alwin stapte met een rood hoofd de kamer in. Buiten adem. 'Goed dat jullie belden. Ach, arme Miek.'

‘Het is die Alex.’ Haar stem begon weer te trillen. ‘Hij heeft haar...’

Alwin viel op zijn knieën voor haar neer en omhelsde haar. ‘Ik weet het lieverd. Het is vreselijk.’

En voor het eerst sinds kerstavond begon ze onbedaarlijk te huilen. Haar hele lichaam trilde.

‘Sst, stil maar lieve schat. Stil maar,’ fluisterde Alwin in haar nek. ‘Het is nu allemaal voorbij. Eindelijk is alles voorbij. We kunnen naar huis.’

28

ROTTERDAM

Een jaar later, 21 december

'Hé Miek, luister je wel?'

Ze stonden langs de lijn bij Excelsior, in de heldere winterzon, met hun jassen open. Zo bizar warm was het.

'Eigenlijk niet,' bekende Mika en ze keek opzij naar Pien. 'En het lukt me ook niet de wedstrijd te volgen.'

Nu keek Pien haar ook aan. 'Schat, ga toch lekker naar huis. Ik maak het hier wel af.'

'Wat moet ik daar?'

'Bij je gezin zijn… dat is nu toch nog het enige dat telt? Dat zeg je zelf ook altijd.'

'Ik weet het niet hoor.' Ze zuchtte. 'Eigenlijk raakt niets me meer.'

Pien schreeuwde iets naar de keeper die een bal verkeerd uitschopte en pakte haar toen bij haar schouders.

'Miek, dat merk ik toch ook. Maar je hebt geen keus. Je kunt alleen maar door.'

'Is dat zo?'

'Kijk me eens aan.' Pien tilde haar kin iets omhoog, zodat ze recht in elkaars ogen keken. 'Ja dat is zo. Je doet het voor je jongens. En hoe lullig ook, de tijd heelt uiteindelijk de ergste pijn. Maar dat duurt nou eenmaal heel erg lang. Teringlang zelfs.'

Mika zuchtte opnieuw. 'Dat zegt mijn therapeut ook de hele tijd.'

'En terecht.' Pien draaide zich weer naar het veld toe. Ze wees geïrriteerd naar iemand die vrijstond. 'Is het dezelfde als je zus had na haar scheiding?'

'Ja, Marijke. En ze is goed hoor.'

'Wat zegt ze nog meer?'

'Dat ik een schriftje moet bijhouden. En elke dag iets moet schrijven. Over hoe ik me voel. Het hoeft niet veel tekst te zijn, tweehonderd woorden is al genoeg.'

'En doe je dat dan ook?'

Onverwacht ging een schot op het doel van Excelsior hoog over. Een kreet van teleurstelling golfde door het stadion.

Mika zuchtte weer. 'Soms, ja.'

'En helpt het?'

'Soms.'

Nu keek Pien haar weer aan. 'Arm schaap. Het gaat echt niet vandaag hè?'

'Nee.' Mika schudde haar hoofd. Haar ogen prikten.

'Morgen is het precies een jaar geleden.'

'Dat weet ik toch schat. Daarom... ga alsjeblieft naar huis. Ga samen rond de kerstboom zitten. Laat je door Alwin verwennen. Zullen Sammy en ik langskomen?'

'Nee, dat hoeft echt niet. Jullie hebben al zoveel gedaan.'

Pien trok haar donkere wenkbrauwen op. 'We gaan nu niet in een keer formeel doen hè?'

'Natuurlijk niet en je hebt gelijk.' Mika probeerde te glimlachen, maar ze kreeg haar mondhoeken nauwelijks omhoog. 'Ik kan maar beter naar huis gaan.'

Pien knikte alleen.

Mika pakte haar spullen en gaf haar notitieblokje met een paar opmerkingen over de wedstrijd aan haar vriendin. 'Het lijkt me sterk, maar misschien heb je hier nog wat aan.'

'Wat ben je toch een dinosaurus,' zei Pien toen ze het boekje aanpakte. 'Maak toch eens digitale aantekeningen. Of spreek ze desnoods in.'

'Ik hou nou eenmaal van schriftjes.'

'Weet ik toch.' Pien gaf haar een kus op haar voorhoofd. 'En hou je taai hè!'

Mika knikte, liep achter haar collega's van de andere media het veld af en dook de betonnen gang in die onder het stadion door naar buiten liep. De lange, smalle ruimte was vochtig en slecht verlicht. Haar voetstappen galmden tegen de muren.

Achter haar leek iemand met zijn sleutels te rammelen. Met een ruk draaide ze zich om, maar ze zag niemand.

Doe toch eens normaal, zei ze bestraffend in gedachten tegen zichzelf.

Dit gebeurde de laatste tijd zo vaak. Dat ze dacht dat iemand haar volgde. Dat ze zich inbeeldde dat iemand haar aansprak. Dat ze Abby soms zelfs in een drukke winkelstraat zag staan. Of dat ze 's nachts wakker schoot omdat ze een hand om haar keel voelde.

Alwin probeerde begripvol te zijn, maar kon haar paranoïde gedachten maar moeilijk begrijpen. En Marijke zei wel dat het in een rouwproces normaal was, maar ze bleef er toch opvallend vaak op terugkomen. Daarom had Mika haar maar niet verteld dat ze in haar hoofd nog met Abby praatte. En dat ze soms zelfs hardop met haar in gesprek was. Het troostte haar, maar ze besefte dat het voor anderen nogal vreemd zou klinken.

Mika begon sneller te lopen. Rationeel wist ze dat al die gedachten en gesprekken onzin waren, maar de angst was echt. Die dook elke keer weer in de diepste gaten van haar lichaam en was nog erger geworden sinds ze de brief van Alex had gekregen. Ze had toegestemd dat hij haar mocht schrijven toen hij net na zijn veroordeling in Prison de la Santé terecht was gekomen.

In de lange brief had hij haar nogmaals uitgelegd dat hij haar zusje echt niet had vermoord. Dat hij zelfs verliefd op Abby was geworden en dat ze samen een heel bijzondere avond hadden gehad. Dat hij ook heel veel verdriet had en haar sterkte wenste. Het waren troostende woorden, maar vooral de laatste zinnen waren blijven hangen.

IK VREES DAT JE GEVAAR LOOPT, had Alex in hoofdletters geschreven. *Wil je alsjeblieft goed uitkijken? De echte moordenaar loopt nog steeds vrij rond.*

Terwijl er een lawine van gejuich door de gang rolde, wist Mika ineens wat ze moest doen. Ze rende richting de uitgang. Alwin zou het niet leuk vinden, maar ze had geen keus. Ook al zou dat betekenen dat het opnieuw een heel andere kerst zou worden.

29

'Nee. Dit ga je niet doen.'

Ze legde een trui in haar koffer. 'Alwin, ik snap dat je boos bent, echt.'

'Ga dan ook niet.'

'Ik ga wel.'

'Verdomme Miek, het is over een paar dagen kerst. Dat kun je de jongens niet aandoen.'

'Als ik nu snel ga, ben ik ook snel weer terug.' Ze schoof haar gympen aan de kant en duwde haar toilettas in het hoekje. 'In ieder geval ben ik er op kerstochtend, voor de cadeaus.'

Alwin zakte op de rand van het bed. 'Maar waarom ga je dan in godsnaam? Een heel jaar lang heb je de tijd gehad om naar Abby's appartement te gaan. En dan ga je midden in de kerstvakantie!'

Ze duwde de deksel van de koffer naar beneden en ritste hem met moeite dicht. 'Het klinkt inderdaad onlogisch, maar het is morgen precies een jaar geleden. Ik wil haar dan om me heen hebben.'

'Daar gaan we weer...' Alwin streek het dekbed glad. 'Elke discussie strandt bij Abby.'

Ze trok haar koffer van het bed en liep hem expres met een dreun op de grond neerkomen. 'Ik ga hier niet eens op in.'

'Het is toch zo? Voor haar dood ging het altijd over haar en nu nog steeds.'

Ze kneep in de hendel van de koffer. 'Wat een kutopmerking zeg.'

Alwin zuchtte. 'Sorry.'

'Ik doe ook maar mijn best. En probeer echt alles om weer sterker te worden.'

'Dat besef ik heus wel, lieverd.' Alwin stond heel langzaam op, alsof hij ineens tien jaar ouder was geworden. Het viel haar op hoe moe hij er eigenlijk uitzag. 'Maar het is soms gewoon erg lastig.'

'Ik weet dat ik een zwart gat ben.' Ze knikte hem bemoedigend toe. 'En dat het ook zwaar voor jullie is om me zo verdrietig te zien. Maar ik denk juist dat dit tripje kan helpen. Om dingen beter te verwerken.'

Hij tilde haar koffer op. 'Ik ben het er totaal niet mee eens. En ik vind je timing nog steeds klote, maar ik heb het gevoel dat het toch niets uitmaakt wat ik zeg.'

'Ik vrees van niet, nee.'

'Wil je dat ik mee ga?'

Ze schudde haar hoofd. 'Ik moet dit alleen doen.'

'Ga je het dan zelf aan de kinderen vertellen?'

'Natuurlijk.' Ze gaf hem een knuffel. 'En bedankt voor

je geduld. Ik weet dat ik vreselijk ben. Maar het wordt beter, echt.'

Terwijl hij haar een kus in haar nek gaf, kneep haar buik samen. Ze vond het vreselijk om tegen hem te liegen. Ze wist zeker dat het nooit meer beter zou worden. Ze ging terug naar Parijs omdat ze daar misschien gevaar liep. En dat leek de enige manier om echt te kunnen voelen wat Abby had doorgemaakt. Wie weet bracht die gedeelde ervaring haar dan eindelijk weer iets dichter bij haar zusje.

30

De warmte van het straalkacheltje boven haar was net genoeg om buiten op het terras van Café Leopold te kunnen zitten. Zo belachelijk warm als het in Nederland was geweest, zo ongekend koud was het hier. Kouder nog dan vorig jaar.

'Uw vin chaud, madame.'

Mika bedankte en vroeg de serveerster of Patrick er nog werkte.

'Nee, die naam heb ik nog nooit gehoord.' Het meisje plukte verveeld aan haar dikke trui. 'Maar ik werk hier nog niet zo lang hoor.'

'Het is rustig vandaag. Komt dat door de vakantie?'

'Geen idee. Het is hier eigenlijk altijd zo stil. Er schijnt hiertegenover vorig jaar een gruwelijke moord te zijn gepleegd.' Ze wees naar de steeg waar Abby was gevonden. 'Het hoofd van die vrouw was helemaal opengezaagd. Vreselijk toch? Welke gek doet dat? Ik begrijp wel dat daarna niemand hier meer een hap door zijn keel kreeg.'

Mika nam snel een slok en brandde bijna haar mond.

‘Dat zal inderdaad niet hebben geholpen.’

Gelukkig liep het meisje zonder verder nog iets te zeggen weer naar binnen. Mika nam nog een slok wijn. Ze voelde de warmte in haar lichaam, vooral van de alcohol. Hoewel ze met zichzelf had afgesproken het niet te doen, was ze het afgelopen jaar toch steeds meer gaan drinken. Eigenlijk was dat het enige dat kalmerend werkte.

Ze pakte het schriftje uit haar tas en schreef:

Het is goed dat ik hier ben. Het voelt alsof we eindelijk weer met zijn tweeën zijn. Misschien zit ik nu op de stoel waar jij ook op hebt gezeten. Misschien drink ik uit hetzelfde glas als jij hebt gedaan. Sommige mensen hier weten zelfs nog wie je bent. Hier besta je. In Rotterdam zwijgt iedereen je dood. Daar ben je echt gestorven. Waarschijnlijk omdat ze bang zijn mij pijn te doen. Maar ze lijken niet te beseffen dat ze je, door nooit meer over je te praten, voor de tweede keer vermoorden.

Mika keek op haar horloge. Marcel moest er nu bijna zijn. Ze had een half uur geleden voor een dichte deur gestaan en hem direct geappt. Ze hadden Abby’s entreecode veranderd. Best vreemd, want het was nog steeds haar appartement. Mika betaalde elke maand braaf de huur. Alwin vond het totale waanzin, maar ze kon het alternatief niet aan. Het idee dat er geen plek meer zou zijn waar Abby nog enigszins aanwezig was, kon ze niet verdragen.

In een keer dronk ze haar glas leeg. Eigenlijk wilde ze meteen een nieuwe bestellen, maar ze hield zich in. Ze wilde scherp zijn als ze voor het eerst weer in het appartement naar binnen zou stappen. Ze legde tien euro op het schaaltje, pakte haar weekendtas en liep de stoep op.

Het was pas vier uur en het duurde zeker nog een uur voordat de zon onderging, maar overal in de appartementen en restaurants sprongen de lichten al aan. Zo vreselijk grauw was het weer vandaag geweest. Twee vriendinnen in elegante lammycoats met wapperende lange haren schoten vlak voor haar langs. Ze lachten, hadden hun armen in elkaar gehaakt en leken zich van de wereld om hen heen weinig aan te trekken. Hoe was het toch mogelijk dat iedere Parisienne zoveel zelfvertrouwen leek uit te stralen?

In een opwelling stak Mika de straat over en liep de steeg in. Nog steeds was het een gewoon straatje. Over de teksten van de Gilets Jaunes heen was veel nieuwe graffiti gespoten. Nu ging het over het recht op abortus en onderdrukte vrouwenrechten in het algemeen. Ze las een verbasterde quote van Simone de Beauvoir. *Je wordt niet als vrouw geboren maar zo gemaakt.* Verder vooral veel borsten en dikke buiken. Zouden de kunstenaars hebben geweten wat hier was gebeurd?

De vuilcontainers waarachter Alex Abby's lichaam had gedumpt, stonden er nog steeds. Hij had haar op een steekkar onder een plastic zeil vervoerd, vanuit de parkeergarage. Die deuren naar de garage waren nu dicht.

Mika ging er recht voor staan. Hierachter zou hij haar open hebben gezaagd.

'Met nauwkeurige precisie,' hoorde ze de rechter weer zeggen. Zoiets vakkundigs had hij nog nooit eerder gezien.

Volgens de officier had Alex uit woede gehandeld. Nadat Gilbert bij Abby's appartement was weggegaan, had Alex weer op haar deur geklopt. Dat hadden ze op de beelden kunnen zien. Wat er daarna was gebeurd, wisten ze niet helemaal zeker, daar waren geen opnames van.

De officier had betoogd dat Alex woedend op Abby was geworden, omdat ze Gilbert ook binnen had gelaten. Hij zou zijn doorgedraaid toen ze hem daarna had afgewezen. Hij zou direct zijn dokterstas met verdovende middelen hebben gehaald en haar met een injectie hebben verdoofd. Dat spul waarvan ze de naam steeds vergat, hadden ze in haar lichaam gevonden. Daarna zou hij haar in de vroege donderdagochtend via de lift de lege parkeergarage in gesleept hebben. Daar had hij in alle rust zijn operatie uitgevoerd – niemand van de appartementen gebruikte die verouderde plek – en daarna alles keurig opgeruimd.

Tijdens het lange verhaal van de officier had Alex met een strak gezicht zitten luisteren. Mika dacht soms tranen in zijn ogen te zien, maar ze durfde hem niet lang aan te kijken. Zijn blik leek haar naar binnen te trekken, net als die keer op het terras. Uiteindelijk had hij alles opnieuw ontkend. Niet dat het iets had uitgemaakt. Hij zat nu zeker voor twaalf jaar vast.

Ze rilde. Vooral van de kou, want de verhalen over de moord leken over iemand anders te gaan. Die kon ze op een vreemde manier buitensluiten, alsof ze luisterde naar een podcast over een cold case, met een voor haar onbekend slachtoffer.

Mika gleed met haar hand over het afgebladderde hout van de deuren van de parkeergarage en liep daarna door naar de dumpplek.

Het voelde alsof ze door stroop wandelde. Ze hield haar blik op de containers gericht, terwijl achter haar het ronkende geluid van een vrachtauto naar de achtergrond verdween. Ze hoorde alleen nog haar eigen bloed suizen.

Daar in de hoek had ze gelegen, weggegooid als oud vuil, bedolven onder een hoop sneeuw. Nu lag er een bevroren plas water en een stapeltje oude stenen. Maar er stond ook een vaas met verse bloemen. Opnieuw rilde Mika. Ze zakte door haar knieën om op het kaartje te kijken.

Ik hou nog steeds van je, R.

Jezus, Richard… kwam hij nog steeds hier? Woonde hij dan weer in Parijs? Nadat hij op de begrafenis uit het niets was opgedoken en hysterisch huilend bij Abby's graf had gestaan, had ze hem niet meer gezien. Zijn mobiele nummer was allang afgesloten. Ze had geen idee waar hij kon zijn.

Plotseling voelde ze een hand op haar schouder. Mika verstijfde en haar ademhaling leek te bevriezen.

De greep verstevigde.

'Richard?' vroeg ze, zonder zich om te draaien.

De hand verdween. 'Madame?'

'Merde, Marcel.' Ze schoot omhoog. 'Waarom besluip je me zo?'

'Ah madame, mes excuses.' Marcel hield zijn handen afwerend in de lucht. 'Ik heb u wel drie keer geroepen. Ik wilde u natuurlijk niet laten schrikken. Echt niet.'

Dat zal wel, dacht ze, maar ze knikte alleen. 'Laten we teruglopen.'

'Zal ik uw tas overnemen?'

'Nee dank je, daar zit bijna niets in. Ik ben hier maar voor twee dagen.'

'Het is toch goed dat u bent gekomen. Dat is hard nodig. Maar dat zult u zelf wel zo zien.'

Ze volgde hem zwijgend de hoek om naar de voorkant van het gebouw.

Voor de deur gaf hij haar een keycard. 'Dit is veiliger dan zo'n code. Ik had deze al een hele tijd voor u klaarliggen. Bij mij thuis.'

Omslachtig legde hij uit hoe de kaart werkte en liep toen met haar mee naar binnen. 'U bent na het politieonderzoek niet meer in het appartement geweest toch? Bereidt u zich dan maar voor op een grote puinhoop. Ik weet niet hoe de Nederlandse politie werkt, maar hier zijn les flics arrogante eikels. Ze zullen nooit iets achter hun gat opruimen.'

Ze drukte op het knopje van de lift. 'Bent ú er dan nog wel vaker binnen geweest?'

'Nou, misschien een keertje of zo... iets voor het dak, geloof ik.' Hij stotterde bijna, zo ongemakkelijk voelde hij zich ineens. Ze zag zweetdruppels op zijn voorhoofd verschijnen. 'Maar dat is al een tijd geleden. Het zal in ieder geval niet schoon zijn. Ik kan natuurlijk altijd schoonmakers voor u regelen.'

'Ik merk het wel. Hoelang bent u er vanmiddag nog?'

De liftdeur schoof open en even leek het alsof Marcel met haar mee zou gaan, maar hij deed toch een stap terug. 'Een uurtje of twee, maar daarna kunt u natuurlijk altijd appen.'

'Natuurlijk,' herhaalde ze. Pas toen de liftdeur dichtging, kon ze weer dieper ademhalen. Die Marcel had iets gluiperigs. Hij was te vriendelijk, zonder haar recht aan te kijken.

Op de vierde etage stapte ze uit en constateerde opgelucht dat de gang leeg was. Voor Abby's deur zat nog steeds zwart-geel afzetlint, deels afgescheurd. Mika sloot haar ogen en hield de sleutel tegen haar lippen.

'Daar ben ik weer, lieve zus,' fluisterde ze en opende de deur.

31

In de gang liet ze meteen haar tas uit haar handen vallen. Chaos was een understatement. De gangmuur zat vol met rode getekende cirkels, post lag opengemaakt op een tafeltje, jassen waren op de grond gegooid en een kartonnen pakketje lag vertrapt in een hoek. Overal zag ze een dikke laag stof.

Maar het ergste was de stank die als een dikke deken in het appartement hing. Het deed haar denken aan een baai met brak water, vol rottende vissen en zeewier. Ze onderdrukte de neiging naar buiten te vluchten en deed haar haren in een paardenstaart. Het enige dat ze nu kon doen was beginnen.

Urenlang vulde ze vuilniszakken met onduidelijke resten eten uit de ijskast, vergeelde kranten en verdorde planten. De vaas met bloemen was een eigen leven gaan leiden en de schimmel had als een alien langzaam alles bedolven. Mika leegde keukenkastjes met uitgedroogde crackers, vastgeplakte potjes en verstofte pastazakken. Met verschillende doekjes poetste ze de tafels, ze stofzuigde de kleden, deed gebruikte handdoeken in de was en maakte het deels afgehaalde bed weer op.

Pas toen ze echt niets meer kon verzinnen om schoon te maken, deed ze alle lichten uit en liet ze zich op het bed vallen.

Ze checkte haar telefoon en zag verschillende appjes oplichten. Alleen die van Alwin beantwoordde ze. *Ik ben er, app morgen uitgebreider.*

Het verraste haar dat het al tien uur was geweest. Honger had ze niet, maar ze voelde wel een zware moeheid over zich heen glijden. En gek genoeg ook een diepe ontspanning. Haar voeten begonnen te tintelen, alsof ze net een *deep tissue*-massage had gehad.

Ze trok het dekbed over zich heen en sloot haar ogen. Straks zou ze aan het persoonlijke gedeelte beginnen. Abby's post, het legen van haar bureau, haar kleren en de badkamerspullen. Maar nu wilde ze even slapen. Misschien voor een uurtje of zo.

Mika schoot wakker. Het was nog donker en doodstil. Hoe laat was het? Vijf over vijf. Tot zover het hazenslaapje. Ze had zeven uur achter elkaar geslapen, dat was een eeuwigheid geleden. Hopelijk kon ze nog een paar uurtjes extra pakken. Het zou beter zijn als ze zich zou uitkleden, maar ze was te moe en draaide zich weer op haar zij.

Ineens klonk er een doffe dreun uit de zitkamer. Alsof een stoel omviel. Of een boek uit de kast donderde.

Ze hield haar adem in en bleef stil liggen luisteren. Fuck.

Was dat gekraak? De houten vloer? Misschien de poes van de buren?

Nee verdomme, dat waren voetstappen.

'Hé!' riep ze hard. 'Wie is daar?'

Haar stem klonk extra luid in de stilte van de nacht.

Geen reactie.

Was het een inbreker die dacht dat het appartement verlaten was? Misschien had hij een mes. Of was het Richard?

Ze moest nu de politie bellen. Op de tast gleed haar hand over het dekbed. Gisteravond had ze hier haar telefoon nog gehad. Waar was dat ding gebleven?

Weer klonk er gekraak, dichterbij dit keer. Haar handen trilden. Wat dom dat ze net hardop had geroepen. Nu had ze zichzelf verraden. Shit, waar was haar telefoon toch?

Het was nog pikdonker, maar het leek alsof iemand in de deuropening stond, haar stond te begluren.

Hoorde ze nou zijn ademhaling? Of was het die van haarzelf? Hijgde ze zelf zo zwaar? Waren het weer haar eigen gedachten die haar gek maakten?

In een snelle beweging dook ze naar rechts en deed het leeslampje aan. Niemand te zien natuurlijk. Zie je wel. Ze draaide door. Marijke had gelijk: ze moest prozac overwegen. Deze angsten kreeg ze niet meer onder controle.

Plotseling hoorde ze de deur dichtvallen. Dus toch! Ze gleed uit bed. Het bloed klopte in haar slapen. Als ze zeker wilde weten dat ze het zich allemaal inbeeldde moest ze het nu controleren. Ze deed het ganglicht aan, maar het leek er niet op dat iemand binnen was geweest. Alles lag nog precies op dezelfde plek. Ook in de zitkamer en keuken was niets verschoven of omgevallen. Alles zag er nog net zo opgeruimd en schoon uit. Abby zou tevreden zijn.

Opeens klonk er gerommel in het trappenhuis. Mika wreef het zweet van haar voorhoofd. Haar hele gezicht gloeide. Ze moest nu ook de gang checken. Anders kwam ze nooit tot rust.

Langzaam opende ze de deur en keek om het hoekje. Ze had een duistere ruimte verwacht, maar iemand had de lamp aan gelaten. De felverlichte gang was volkomen leeg.

Ze zuchtte.

'Nou zus, het is officieel,' zei Mika hardop. 'Je andere helft is compleet gek geworden.'

Net toen ze de deur weer dicht wilde doen, hoorde ze de trap kraken. 'Hé, is daar iemand?'

'Ja, wie is daar?' antwoordde een bevende stem.

Mika zag de oude buurvrouw de trap op komen. Ze hijgde en trok zichzelf moeizaam aan de leuning omhoog. Ze droeg een roze ochtendjas met gelige vlekken en haar grijze haren piekten uit haar krulspelden.

'Ik ben het mevrouw, Mika.'

'Mon Dieu.' De vrouw liet een plastic tas uit haar handen vallen. Twee stokbroden rolden op de grond. 'Ik schrik me rot.'

Mika pakte de flûtes meteen weer op. 'Sorry ik wilde u echt niet laten schrikken.'

'Ma chérie, aucun problème, fijn je weer te zien.' De

vrouw was boven aangekomen en rustte even uit met haar rug tegen de muur. 'Hoe is het met je?'

'Ach, het gaat.' Mika gaf de tas terug. 'Bent u altijd zo vroeg?'

'Al jaren. Dan doe ik in alle rust wat oefeningen. Ik deed vroeger aan ballet, weet je. Dus ik begin elke dag lekker op tijd. En dan hangt de bakker ook al wat brood aan de voordeur beneden. Zo aardig, dan hoef ik niet naar de hoek te lopen.'

'Dat is heel vriendelijk.'

Ze keken elkaar even aan. De vrouw had opvallend blauwe ogen met zelfs zo 's ochtends vroeg een heldere blik.

'Iets anders nog,' ging Mika verder. 'Heeft u misschien net een man gezien? Die door de voordeur naar buiten glipte?'

De vrouw gaf haar een knipoog. 'Een man? Of een minnaar?'

'Zijn ze niet altijd een en dezelfde?' Mika probeerde te glimlachen.

De vrouw schudde haar hoofd toen ze verder naar haar voordeur schuifelde. 'Helaas, geen mannen hier. Kom je nog eens langs voor een wijntje? Ik ben trouwens Andrietta. Geen ú meer hè. Andrietta Lemaire. Zoek maar op, op die computerdingen van jullie.'

'Dat ga ik zeker snel doen.'

'O, wat me nog wel opviel,' zei Andrietta terwijl ze de sleutel in haar voordeur stak. 'De lift was net bezet. Wat ik wonderlijk vond, zo vroeg. Normaal is hier niemand.

Daarom moest ik de trap nemen. Veel te zwaar eigenlijk.'

'Dat kan ik me voorstellen,' zei Mika en ze wachtte tot Andrietta de deur achter zich had dichtgedaan. Daarna drukte ze ongeduldig op het liftknopje. Binnen een paar seconden gleed de deur open. Leeg. Natuurlijk. Dus daar had ook niemand zich verstopt. Er was maar één conclusie mogelijk: ze draaide door.

32

Mika staarde al zeker twee uur naar het plafond. Buiten begon het eindelijk een beetje licht te worden. Haar hoofd bonsde. Waarom was ze hier nou eigenlijk? Natuurlijk om Abby's spullen uit te zoeken en ook om op de plek te zijn waar haar zusje zo gelukkig was geweest. Ze kwamen uit één ei en sinds Abby er niet meer was, leek het alsof zij ook nog maar voor de helft bestond. Dat halve gevoel was vreselijk. Ze had gehoopt dat gat hier weer te kunnen opvullen.

Al die dingen speelden een rol. Maar ze moest nu eerlijk zijn tegen zichzelf, er was meer. Zíj had de helft moeten zijn die stierf. Niet Abby. Het was vast een soort *survivor guilt* zoals Marijke zei, maar Abby had het ook echt verdiend te blijven leven. Zij was de betere helft van hen tweeën.

'En weet je lieverd,' zei Mika nu hardop. 'Er is nog iets dat je vast al hebt gemerkt. Eigenlijk heb ik nooit geloofd dat Alex je heeft vermoord. Maar alleen jij kan me vertellen of dat waar is en wie het dan wel heeft gedaan. Misschien is dat wel de belangrijkste reden dat ik hier ben.'

Ze wreef over haar slapen. Zo vaak had ze precies geweten wat Abby dacht. Regelmatig kochten ze los van elkaar dezelfde kleren, belden ze elkaar op exact hetzelfde tijdstip en schoten ze op de raarste momenten tegelijkertijd in de lach. Ze hadden sowieso humor die niemand anders begreep. Maar de laatste maanden in Parijs was dat steeds minder geworden. Ze zaten opeens niet meer in elkaars hoofd. En nu leek Abby steeds verder weg te glijden.

Verdomme, die hoofdpijn werd alleen maar erger. Mika boog opzij en trok de la van het nachtkastje open. Daar bewaarden ze allebei altijd hun paracetamol.

In de la lagen vooral rommeltjes. Oordoppen, nachtmaskers, spierbalsem en een lege strip paracetamol. Onder een grote bon van de tandarts lag een schriftje. Van de Hema, met een kartonnen kaft en felgele bladzijden. Precies hetzelfde als Mika voor zichzelf had gekocht. Was dat het schriftje voor Marijke?

Mika wreef over de voorkant. Op papier was ze de wettelijke erfgename. Alles in dit appartement was nu van haar. Maar dit schriftje voelde niet als eigendom, eerder als een download van Abby's gedachten. En haar zus had die nooit opgeschreven om ze aan anderen te laten lezen.

Maar er kon ook nuttige informatie in staan. Over gebeurtenissen die met de kennis van nu aanwijzingen konden bevatten. Met wie Abby allemaal uit was geweest, wat haar die laatste weken bezig had gehouden en of ze misschien voor iemand bang was geweest. Hoewel Abby veel minder angst kende dan zij, had ze wellicht gemerkt dat iemand zich raar gedroeg.

Mika ging rechterop zitten en sloeg het schrift open. Om verder te komen moest ze het doen.

Lieve Miek, van M. moet ik mijn gevoelens opschrijven. Maar die bespreek ik eigenlijk alleen met jou. Dus dan maar zo, als in een brief. Wie weet dat dat helpt.

Onmiddellijk voelde Mika tranen opkomen. Abby had dus toch ook veel aan haar gedacht. Ze bladerde verder en zag dat haar zus niet elke dag iets had geschreven, soms zelfs wekenlang helemaal niets.

Maar voor de rest las ze verhalen over successen op het werk, gedoe met collega's en verdriet over de scheiding en de dood van Livia. Het meeste had Mika weleens met Abby besproken, maar de kwetsbaarheid van haar zus raakte haar diep. Dat zij soms dus ook het gevoel had gehad dat ze het leven niet aankon, bang was geweest alleen te blijven en bovendien Mika ook veel had gemist.

Het liefst had ze meteen het hele schrift doorgelezen, maar ze bladerde eerst door naar de stukjes van eind vorig jaar. Vlak voordat Abby definitief verdween. Hier werden de berichten ineens vrolijker. Het ging over nieuwe vriendinnen, hun kappers, de juiste kledingkeuze en restaurants waar ze graag kwam. Zo te lezen ging Abby vaak ontbijten, soms met vriendinnen. Mika zag ook mannennamen voorbijkomen. Marcel, Leon en Stephan. Op 15 december had ze ineens een naam in hoofdletters geschreven. Richard.

Dacht net Richard bij de bakker gezien te hebben. Kon natuurlijk niet. Toch bevroor ik totaal. Het voelde precies zoals die nacht. Weer die stomp in mijn buik, weer de handen om mijn hals, opnieuw die dreun in mijn gezicht. Ik stond minutenlang als bevroren voor de etalage en kon niets meer.
Lieve Miek, ik denk dat M. een punt heeft. Die laatste nacht met Richard was inderdaad traumatisch. Misschien moet ik toch die EMDR *doen. Volgens M. heeft die techniek veel mensen met traumatische herinneringen geholpen.*

Verdomme, Alwin had gelijk. Richard had Abby wel mishandeld. En hij was dus ook al lang voor de moord in Parijs aangekomen. Abby had zich dat helemaal niet ingebeeld. Mika zag in gedachten Richard weer voor haar op de binnenplaats van het hotel staan, met die verontschuldigende hertenogen. Hij had gewoon glashard tegen haar gelogen.

Mika's slapen bonkten en ze pakte een glas water van het nachtkastje. Snel nam ze drie slokken. Ze moest Sandrine bellen. Richards plotselinge verschijnen, zijn wilde verhalen, zijn ruwe benadering. Ze had het niet willen weten.

Ze had niet willen zien dat haar ex-zwager misschien tot gruwelijke dingen in staat was. Maar nu moest ze het de politie vertellen en alle details over hem aan ze doorgeven. Zelfs van de vaas bloemen in de steeg.

Mika zocht Sandrines nummer op haar net teruggevonden telefoon, maar kreeg direct haar voicemail. Ze sprak in dat ze in Parijs was en vroeg of ze haar zo snel mogelijk wilde terugbellen. Daarna dronk Mika in een teug het glas water leeg en stond op.

Ze snakte naar een sigaret. Hopelijk zou daardoor ook haar hoofdpijn verdwijnen. Hoewel ze Alwin had beloofd te stoppen, was ze er stiekem al die maanden mee doorgegaan. Samen met de extra glazen wijn had het echt geholpen om dit klotejaar vol te kunnen houden.

Vlug trok ze een trui en trainingsbroek aan, stopte haar telefoon in haar zak en liep naar de zitkamer. Wat had ze ook alweer met haar tas gedaan? Op de eettafel en het dressoir lag hij niet en ze zag hem ook niet aan een stoel of radiator hangen. Waarom was ze de hele tijd van alles kwijt? Ineens schopte ze met haar blote voeten tegen iets hards aan. Voor haar op de grond lag haar tas. Sleutels, make up, portemonnee, aanstekers, alles lag verspreid door de kamer.

Haar keel kneep samen. Was er dan toch iemand binnen geweest?

Mika verzamelde de spullen, pakte haar sigaretten en zette de tas terug op tafel. Nee, deze tas was gewoon gevallen. Dat kon gebeuren, zei ze in gedachten tegen zichzelf. Ze moest zich niet zo laten opfokken.

Ze deed het raam open, stak een sigaret op en keek over de rand van het Franse balkon. Beneden was het leven begonnen. Een fietskoerier met twee dozen achterop schoot over de stoep, een vrachtwagen laadde waterflessen uit en een dakloze vond een half leeggegeten McDonalds-bakje op de grond. Het had elke grote stad kunnen zijn en toch was het onmiskenbaar Parijs.

Omdat hun moeder er was geboren waren Abby en zij ongetwijfeld bevooroordeeld geweest, maar ze waren altijd gek geweest op Parijs. Natuurlijk was het een vieze, onbeleefde, arrogante stad. Maar nergens ter wereld droop de stijl zo van de muren als hier. De mensen, de restaurants, de huizen, de musea… alles was überchic.

'Weet je Abby, eigenlijk was ik gewoon jaloers,' zei Mika tot haar eigen verrassing weer hardop. Waarschijnlijk was dat zelfs wel de belangrijkste reden geweest voor de afstand die tussen hen was ontstaan, besefte ze. Niet omdat Abby zich had teruggetrokken en een wild leven was gaan leiden, maar omdat zij daarvoor te weinig interesse had getoond… uit afgunst.

Mika tikte de as van haar sigaret in een bloempot. Ja, als ze heel eerlijk was, had ze zelf liever ook dit leven geleid. Nieuwe mensen ontmoeten, tijd hebben om van kunst te genieten…

Ze keek nog eens goed naar de dakloze… Jezus, dat was Richard.

33

'Hé daar,' schreeuwde ze naar beneden. 'Richard. Wacht.'

De man keek even op. Zijn wollen muts was gerafeld, zijn baard grijs en ongetrimd. Daarna draaide hij zich weer om en slofte verder.

'Nee, wacht even,' gilde ze harder. 'Ik kom eraan.'

Mika liep de gang in en met twee treden tegelijk rende ze de trap af naar beneden. De voordeur zat nog op het nachtslot en het duurde even voordat ze hem openkreeg. Ze schoot de stoep op, maar hij was al verdwenen. Op een taxi na was de straat helemaal leeg.

'Richard,' riep ze nog een keer vergeefs en ze wilde de straat oversteken, tot ze merkte dat ze geen schoenen aanhad. Met haar blote voeten stond ze bijna in een plas.

'Madame, ça va?' De serveerster van Café Leopold keek haar vanaf het terras vragend aan. 'Is er iets gebeurd?'

Mika besefte dat ze er verward uit moest zien. Met woeste haren, gekleed in een trainingsbroek, vaag roepend, op blote voeten. 'Ik ben op zoek naar een vriend. Hij liep hier net.'

‘Ik was het terras aan het vegen.’ Het meisje schudde haar hoofd. ‘Ik heb niemand gezien hoor.’

‘Jawel,’ riep Mika over straat. ‘Die man met die baard. Die hier net liep.’

‘Die *clochard*?’

Dat is ook een mens, wilde ze terugroepen maar haar telefoon rinkelde. Sandrine. Ze bedankte het meisje en nam op.

‘Fijn dat je terugbelt,’ zei Mika meteen.

‘Ik was nogal verrast.’ Sandrines stem klonk vlak. ‘En het is nogal vroeg.’

‘Sorry, niet aan gedacht. Excuses nogmaals, maar ik weet niet zeker of Alex het wel gedaan heeft. Ik heb net Richard gezien hier en...’

‘Mevrouw, ik moet u nu echt onderbreken. Ik werk namelijk niet meer in Parijs. Ik heb het korps al enige tijd geleden verlaten en daarna ben ik teruggegaan naar Bordeaux.’

‘O, dat is spijtig,’ zei Mika en ze hoorde direct hoe suf die reactie klonk. Ze wist eigenlijk niets van Sandrine. Misschien was ze wel ziek of op staande voet ontslagen. ‘Heb je nog wel contact met je collega’s hier?’

‘Nee.’

Mika kuchte. Dit begon ongemakkelijk te worden, Sandrine was ineens ook zo formeel. ‘Maar ik denk dus dat Richard misschien toch...’

‘Vergeet het,’ onderbrak Sandrine haar weer. ‘De dader is toch veroordeeld? Laat het rusten.’

'Maar Richard heeft...'

'Dag madame, ik moet hier weer door. Sterkte.'

En voordat ze kon reageren had Sandrine al opgehangen. In een reflex belde Mika meteen terug, maar ze kreeg direct haar voicemail.

'Merde,' zei ze hardop tegen haar mobiel.

Het had nu natuurlijk geen zin meer om Richard te gaan zoeken. Ze had geen idee welke kant hij op was gegaan. Bovendien had ze het ook verdomd koud gekregen. Ze tikte de code bij de deur in toen ze aan de keycard dacht. Die lag natuurlijk nog boven.

'Merde,' riep ze nu harder. En natuurlijk was Marcel er nog niet. Uit frustratie schopte ze met haar blote voet tegen de deur. 'Merde, merde, merde.'

'Mika, gaat het wel?'

Naast haar stond Celine. Zelfs zo vroeg was ze al elegant gekleed in een lammycoat en hippieachtige hoge laarzen.

'Wat goed dat ik je tref.' Mika wees naar de deur. 'Ik heb mezelf buitengesloten.'

Ze voelde Celines blik over haar heen glijden. 'Was je nog in pyjama? Kom binnen.'

'Ik moest snel even wat pakken,' probeerde Mika kalm te zeggen, maar haar hart sloeg over. Ze stond hier met de vrouw van Abby's moordenaar. Die ook alles wist over de onenightstand. Eigenlijk wilde Mika haar vragen hoe het ging, maar dat leek haar niet echt gepast. 'Maar ik was in de haast mijn kaart vergeten.'

'Ach ja, dat onding.' Celine liet haar voorgaan en Mika

stapte het koude marmer op. Nu pas zag ze dat Marcels kantoortje al verlicht was. Hij was er dus wel.

'Het is echt heel toevallig dat ik je nu zie,' zei Celine, terwijl ze op de lift wachtten. 'Ik woon hier namelijk al een tijd niet meer. Sinds...'

Celine sloeg haar ogen neer.

'Ik begrijp het,' zei Mika snel. 'Dat zal lastig voor je zijn geweest.'

Celine knikte. 'Ik heb het appartement nu verhuurd. Aan een expat uit Londen. En ik kom hier alleen nog voor Andrietta, mijn oude buurvrouw. We drinken elke week een kop koffie, voordat ik naar mijn werk ga. En nu de kerst in aantocht is...'

De deur van de lift schoof open en ze stapten samen naar binnen. Mika rook een zweem van Chanel 5.

'Nou, dan is ze wel eenzaam, denk ik,' ging Celine verder. Met haar gemanicuurde felrode nagels drukte ze voorzichtig op het knopje. 'Alors, en jij? Wat brengt jou hier?'

'Ik moest wat dingen regelen. Ook nog snel even voor kerst.' Mika hield het bewust vaag. Want hoewel Celine nauwkeurig het onderwerp vermeed, hing Abby's moord zwaar in de lucht. 'Ik ga morgen weer naar huis.'

'Nou, succes dan maar,' zei Cecile met een flauwe glimlach terwijl de deur alweer openging. 'Deze tijd zal niet makkelijk voor je zijn.'

Mika knikte haar toe. 'Dank je, voor jou ook niet vermoed ik.'

Ze namen afscheid en zonder om te kijken liep Mika snel door naar de voordeur, die ze wijd open had laten staan. Pas toen ze binnen stond kreeg ze weer lucht. Dat was ongemakkelijk. Die arme vrouw. Onverwacht oog in oog staan met de zus van de maîtresse van je man. Wat een ellende allemaal voor haar. Eerst bedrogen, dan verhuizen en vervolgens komt de vader van je kind ook nog in de gevangenis voor moord. Wat waren er toch veel verschillende slachtoffers van één gruwelijke gebeurtenis.

Mika liep naar de keuken en vond nog een espressocupje. Met een kop verse koffie ging ze aan de eettafel zitten en belde Alwin. Ze vertelde over het opruimen, het schriftje, Cecile en Richard. Haar waanbeelden over de insluiper liet ze achterwege. Ze wist zeker dat Alwin daar veel te heftig op zou reageren.

'Ik zal niet zeggen I told you so, maar die Richard is inderdaad niet te vertrouwen,' reageerde hij rustig. Ze hoorde dat hij ook aan de koffie zat. 'Maar Miek, dat is jouw probleem toch niet meer? Ik zou me gewoon storten op het sorteren van Abby's spullen. En dan kom je morgen weer lekker naar huis.'

'Ga ik doen. Alles goed verder met de jongens?'

Terwijl Alwin vertelde over de te grote kerstboom die ze met veel moeite hadden opgetuigd keek Mika de kamer rond. Hier had Alex Abby voor het eerst die avond gezoend, zoals hij in de rechtszaal had uitgelegd. En daarna had hij haar op de eettafel gelegd en haar genomen.

‘We zoenden en het leek alsof de tijd vloeibaar werd,’ had hij overdreven poëtisch gezegd. ‘Ik heb nog nooit zoiets intens meegemaakt.’

Mika draaide zich van de tafel weg. Ze wilde niet meer aan dat proces herinnerd worden.

‘Wat ga je vandaag allemaal aanpakken?’ vroeg Alwin ineens.

Ze vertelde over haar plannen om Abby’s kleren en haar persoonlijke spullen eerst uit te zoeken. ‘En ergens moet ik vandaag nog naar de politie, om...’

‘Doe dat nou niet schat,’ onderbrak Alwin haar. ‘De zaak is gesloten. Die Alex is zonder enige twijfel, met veel overtuigend bewijs, veroordeeld. Dat weet jij ook. Doe het jezelf niet aan om alles weer open te trekken.’

Mika veegde met haar hand over de eettafel, zelfs daar had zijn sperma gezeten. Hoe wild was die nacht toch geweest?

‘Miek?’

‘Je hebt ook gelijk. Ik moet het laten rusten,’ loog ze. Alwin kon niet weten dat ze twijfelde aan Alex’ schuld. Ze had hem ook niets verteld over zijn brief vol ontkenningen en de waarschuwingen voor haar.

‘Dan ga ik maar snel beginnen. Abby had belachelijk veel kleren.’

‘Ben je echt oké? Moet ik niet toch komen?’ vroeg Alwin opnieuw.

Nee, wilde ze schreeuwen, je begrijpt er helemaal niets van, blijf in godsnaam thuis. Maar ze bedankte hem en beloofde om alles zo snel mogelijk te zullen doen. 'Nog twee dagen, dan ben ik weer thuis.'

'Voor het kerstdiner.'

'Zeker, ja, voor het kerstdiner.'

34

Charles Aznavour zong voor de vierde keer '*Hier encore*' en Mika had kaarsen in het appartement aangestoken. Ondanks alles wilde ze proberen er een fijne ochtend van te maken. Ze had de kledingkasten uitgeruimd en aparte stapels voor Abby's broeken, jurken, schoenen en blouses gemaakt. Nu stond ze met een galajurk in haar handen. Zwarte zijde, met dunne gekruiste bandjes. Abby had verteld dat ze die van Dior had gekregen als een soort relatiegeschenk. Ze waren het roerend eens geweest dat je zo'n cadeau eigenlijk niet kon accepteren maar dat weigeren nog onbeleefder zou zijn.

Vlug deed Mika haar trainingsbroek uit en liet de jurk over haar hoofd glijden. Hij paste precies. Ze zocht er zwarte hoge pumps met een enkelbandje bij, stak haar haren hoog op en deed lange gouden oorbellen in. In een la vond ze rode lippenstift en mascara. Uiteindelijk draaide ze zich om naar de spiegel. Ja… daar stond Abby.

Zo waren ze weer samen. Zij stond hier en haar zusje was maar een meter van haar vandaan. Mika liet haar handen over de spiegel glijden. De ochtendzon scheen door haar haren, die diepgoud kleurden, en deed de ketting van hun moeder glinsteren.

Eigenlijk had ze verwacht dat ze zou gaan huilen, maar ze voelde zich juist wat lichter. Ze zette de muziek harder en zong mee met Aznavour die het liefkozen van de tijd beschreef. Hoe hij speelde met het leven, zonder de dagen te willen tellen. Misschien had Abby dat precies zo gevoeld, bedacht ze. Misschien had ze hier in Parijs met het leven gespeeld zoals je alleen doet als je twintig bent. Het verleden negerend, met slechts oog voor de uren van vandaag en met alle hoop voor de toekomst. Misschien had Abby hier eindelijk weer voor het eerst onbezorgd kunnen genieten. Een geruststellende gedachte, eigenlijk.

Ze zocht 'She' van Aznavour op en zong al dansend opnieuw hard mee.

'*She may be the reason I survive. The why and wherefore I'm alive.*'

Ineens vulden haar ogen zich wel met tranen. Het was een liefdesliedje, maar zo voelde ze het exact. Abby was de reden geweest om door te leven. Wat moest ze nu zonder haar doen?

'*The one I'll care for through the rough and rainy years.*'

Door de muziek heen klonk haar telefoon. Mika drukte de beller zonder te kijken weg en zong verder.

'*For where she goes I've got to be.*'

Haar telefoon ging opnieuw. Ze wierp een blik op het scherm. Eric. Die wilde ze eigenlijk wel opnemen. Ze veegde haar ogen droog en nam een slok water.

'Hé Eric, hoe is het?'

'Schat, wil je dat nooit meer doen?'

'Wat?'

'Parijs bezoeken en het mij niet melden.'

Ze schoot in de lach. 'Ook hallo Eric.'

'Sorry hoor, dit is toch geen stijl lieverd. Ik wil niet eens horen waarom je me niet hebt gebeld.'

'Hoe weet je trouwens dat ik er ben?'

'Twijfel je nu ook nog aan mijn netwerk? Je weet toch dat ik altijd alles te horen krijg.' Hij zuchtte heel diep. 'Er zit maar een ding op: je nodigt mij uit voor een lunch bij restaurant H.'

'H?'

'Mon Dieu, wat een cultuurbarbaar. Zeg niet dat je H niet kent.'

'Nou eerlijk gezegd...'

'Alors, *c'est pas grave*, ik heb al gereserveerd. Ik zie je daar om één uur.'

Ze liet zich op het bed zakken. 'Vandaag?'

'Oui, bien sur ma chérie. Vandaag. Tot zo.'

Voordat ze kon protesteren had hij al opgehangen. Hij wist natuurlijk dat ze anders nee had gezegd. Ze hadden het afgelopen jaar contact gehouden. Meestal met appjes en foto's, en af en toe praatten ze via FaceTime.

Eric maakte zich dikwijls zorgen over haar somberheid, en probeerde haar dan op te vrolijken. Met Parijse roddels, Franse woordgrapjes of een langdradige anekdote.

Ze had steeds beter begrepen waarom Abby en hij zulke goede vrienden waren geworden.

Het was nu bijna elf uur, dus ze kon nog verdergaan met het uitzoeken van de kleren. Even twijfelde ze. Ze kon natuurlijk ook nog een stuk in het schriftje lezen. Er waren nog een paar beschreven bladzijden. Nadat ze eerder Richards naam was tegengekomen, had ze niet meer verder willen lezen. Bang om nog iets gruwelijks te ontdekken. Maar nu ze met Eric had afgesproken, durfde ze het wel weer aan. Hij zou weten wat ze zou moeten doen en leek vaak te begrijpen wat ze voelde.

Mika ging op bed liggen en pakte het schrift uit de la. Na de alinea's over Richard had Abby een aantal dagen niets geschreven. Eén keer stond er nog iets over een feest waar ze ene Felix had ontmoet. Hij wilde, zo te lezen, nog een avond met Abby mee naar haar huis, maar ze had hem duidelijk afgewezen.

> *In bed is hij te competitief. Maar seks is geen wedstrijd. Eerder een dans om de macht. Soms leidt de een, dan de ander. Lieve Miek, als Parijs mij een ding heeft geleerd, dan is het dat af en toe dominant zijn en zonder schaamte opeisen wat je lekker vindt heel bevrijdend kan zijn.*

Eigenlijk wilde ze dit ook. Zo vrij zijn. Meerdere mannen kunnen kiezen, zonder je een slet te voelen. Alwin was haar familie en hij voelde heel vertrouwd, maar hij was ook al lang geen gepassioneerde minnaar meer. Als hij dat al was geweest.

Mika liet haar handen over de zijden jurk glijden. Ze voelde haar benen, buik en zachte borsten. Haar huid begon te tintelen, maar toch ging ze niet door. Ze moest helder blijven. Haar hoofd was al een grote overhoopgehaalde boekenkast, waarin ze met veel moeite fictie en non-fictie van elkaar kon scheiden. Ze moest blijven beseffen dat de vrijheid die Abby hier had gevonden haar uiteindelijk het leven had gekost.

Ze las verder en merkte dat Abby had opgezien tegen de reis naar Nederland.

> *Het is natuurlijk fijn om iedereen met kerst weer te zien. Maar ik stap niet alleen terug in mijn oude leven, maar ook in mijn oude zelf. En ik weet niet of ik die versie van Abby nog wel zo leuk vind.*

Mika drukte haar nagels in haar handpalmen. Haar zusje had het gevoel gehad dat ze niet zichzelf kon zijn bij haar. Wat had ze graag de kans gehad om dat tegen te kunnen spreken. Sowieso had ze nog zoveel tegen haar willen zeggen. Alles tussen hen was zo abrupt geëindigd, zonder dat ze ook maar een seconde de tijd had gehad afscheid te nemen, zonder dat ze nog maar een keer had kunnen zeggen hoeveel ze van haar hield.

Ze was bij het einde van het schriftje gekomen en er was

nog maar één pagina over. *Bijna kerst, 22 december*, stond bovenaan. Ze ademde scherp in. Abby had dus nog geschreven op de dag dat ze werd vermoord. De paar alinea's tekst werden plotseling heel wazig. Ze moest haar tranen wegknipperen voordat ze verder kon lezen.

Lieve Miek, het was absoluut magisch. Ik heb een hele nacht gevreeën met een onbekende, waarbij het voelde alsof we al een heel leven samen hebben gedeeld. Alex leek precies hetzelfde te voelen. We zijn één lichaam geworden. We hebben gelachen, samen gehuild en gepraat. Ik zou vanaf nu elke dag met hem willen delen, hoe dramatisch en overdreven dat ook klinkt. Hoe moet ik hem dan nu meteen weer vergeten? Moeten we elkaar negeren in de lift? Mag ik niet meer luisteren naar de muziek die hij speelt? Moet ik doen alsof ik niet weet dat hij aan de andere kant van de muur naast mij slaapt?

Mika liet haar vingers over de regels glijden. Abby was dus op slag verliefd geworden. Dit klonk absoluut niet als een man die ze een paar uur later zou afwijzen. De uitleg van de politie klopte totaal niet. Er was absoluut geen reden voor Alex geweest om jaloers te worden.

Ze ging rechtop zitten. Was wat er dan wel gebeurd? Was het dan toch die Gilbert geweest? Volgens Sandrine had hij een waterdicht alibi. Eric had verteld dat Gilberts vrouw hem het huis uit had geschopt, maar hij was vast nog wel ergens te traceren. Of was het toch Marcel, die nog steeds makkelijk haar appartement in kon. En Richard was natuurlijk ook nog altijd een optie.

'Shoot,' zei Mika hardop. Het duizelde haar. Ze keek opnieuw naar het schrift, alsof er ergens toch nog antwoorden in stonden, maar na de laatste vraag kwam er niets meer. Ze wilde het boekje al dichtdoen, toen ze plotseling zag dat de laatste bladzijde eruit was gescheurd. Het was heel nauwkeurig gedaan, maar ze zag toch een rafelig randje.

Ineens wist ze wat ze moest doen. Ze trok de jurk uit en haar spijkerbroek aan. Van Abby's stapel pakte ze een rode zijden bloes en ze deed de hoge bruine laarzen van haar zus aan. Snel verzamelde ze de rest van haar spullen en liep de deur uit. Eric zou begrijpen waarom ze dit ging doen. Ze moest hem bellen. Misschien wilde hij zelfs wel mee.

35

'*Deux fois degustation menu, s'il vous plaît*,' zei Eric tegen de spichtige ober.

Mika maakte een afwerend gebaar. 'Nee, laten we alleen iets makkelijks bestellen. Een soepje of zo. Iets snels.'

'Geen sprake van.' Eric zette zijn bril hoger op zijn neus en knikte naar de ober. 'We willen het wijnarrangement er ook graag bij.'

Toen de ober wegliep boog Mika zich naar Eric toe. 'Nee, maar echt serieus. Wat ik je dus vertelde aan de telefoon. Ik wil graag met…'

'Genoeg,' onderbrak Eric haar en legde demonstratief zijn servet op schoot. 'Ik ben Frans, we zijn hier in Parijs, en al vergaat de wereld… we nemen de tijd voor een lekkere lunch.'

Mika glimlachte en keek om zich heen. Het restaurant was klein, ze telde maar acht tafeltjes. Ondanks het minimalistische decor was het knus, vooral door het donkere velours op de muren. De andere gasten zagen eruit alsof ze net van de eerste rij van een Chanel-modeshow waren gekomen en praatten op gedempte toon. 'Het voelt alsof ik in een Franse arthousefilm speel. Alles klopt.'

'Ik ben blij dat je het leuk vindt. Tenslotte betaal jij.'

Ze schoten nu allebei in de lach en toostten met hun champagne.

'Jij wint. Op een paar uur vergetelheid dan maar,' zei ze.

'En op Abby die hier zeker ook enorm van had kunnen genieten,' voegde Eric eraan toe en hij nam een forse slok. 'Hoe is het verder met je? Je ziet er goed uit met die lippenstift en opgestoken haar. Wat zijn jullie toch mooi.'

Mika brak een stuk van het nog warme broodje. 'Het gaat eigenlijk helemaal niet goed. Elke ochtend vraag ik me af hoe ik de dag moet doorkomen en elke avond weet ik niet waarom ik het heb volgehouden.'

Eric kneep zijn lippen samen. 'Dat is zwaar. En het wordt niet minder hè?'

'Het gekke is, sinds ik weer in Parijs ben, voelt het wel iets beter.'

'Lijkt me logisch,' zei Eric en hij dronk zijn glas verder leeg. 'Sorry, ik moest even wat alcohol hebben. Natuurlijk voelt het hier minder zwaar. Abby was hier ook gelukkig. Als zij het was, voel jij dat vast ook.'

'Waarschijnlijk, ja.'

Ze vertelden elkaar over Abby's typische Franse gewoontes, zoals zoveel mogelijk naar het theater, musea en concerten gaan. En hoe ze elke dag hetzelfde parfum droeg, Change van Chanel. Ze was ervan overtuigd dat dat haar een gezonde gloed gaf.

Toen de gerechten op tafel kwamen, analyseerden ze uitgebreid de pure smaak van de venkel, het schuimbadje van doperwten, de perfect gegaarde heilbot en het zachte vlees uit Bretagne.

Nadat ook de bavette op was, veegde Eric met zijn servet zijn baardje af. 'Ik heb niets te veel gezegd toch? Die Michelinster hebben ze terecht verdiend.'

Met haar broodje doopte Mika in het restje van de wildsaus. 'Het is inderdaad heerlijk.'

'Zo lekker zelfs dat je even alles kon vergeten?'

Ze knikte. 'Ja, nu je het zegt.'

'Puur escapisme. Dat is nou precies wat goed eten kan doen, en wat jullie noorderlingen steeds lijken te vergeten.' Eric boog zich wat over tafel heen. 'Maar nu iets anders. Ik ben je vraag natuurlijk niet vergeten. Zoals ik ook al aan de telefoon zei, vind ik het een uitstekend idee van je om Alex te ontmoeten.'

'Echt?'

'Sterker nog, je kunt hem vanmiddag al bezoeken.'

'Wat? Waarom zei je dat niet eerder?' Ze pakte haar tas. 'Hoe heb je dat in godsnaam zo snel kunnen regelen? Hoe laat? Moeten we nu dan niet gaan? Ga je mee? Moeten we...'

'Ho ho.' Eric pakte de tas uit haar handen. 'Dit is precies waarom ik het je niet eerder heb verteld. Ik wist dat je onmiddellijk zou doordraven.'

'Sorry, maar jezus, de gevangenis, Alex weer zien... dat is oprecht spannend.'

'Ik begrijp het hoor, maar er is totaal geen haast. Het bezoekuur is pas om zes uur. En ik heb helemaal niets hoeven te regelen. Ik heb je gewoon op de website ingeschreven. Voor een bezoek van een half uur.'

'Dat is lang genoeg denk ik.'

'Dat dacht ik ook. Ik breng je natuurlijk, maar ik mag niet mee naar binnen. Ik ben geen directe belanghebbende.'

De ober kwam langs met de dessertwijn en wilde die uitgebreid toelichten, maar Eric wuifde dat het zo goed was. Zwijgend vulde de man hun glazen en pas nadat hij weg was gelopen, boog Mika zich ook over tafel.

'Wat denk je?' vroeg ze fluisterend. 'Zit ik straks met de moordenaar van Abby te praten?'

Eric schudde zijn hoofd. 'Geen idee, luister naar je intuitie. Meer hoef je niet te doen.'

Mika zat aan een lange formica tafel, met in het midden een plaat van doorzichtig plastic van tien centimeter hoog. Die was niet bedoeld als bescherming voor bezoekers, het moest alleen de snelle uitwisseling van drugs, mesjes of telefoons zien te voorkomen. Hoewel het haar echt onmogelijk leek om die troep hier überhaupt naar binnen te smokkelen. Bij binnenkomst had ze haar tas en telefoon moeten achterlaten en was ze ook nog eens uitvoerig gefouilleerd. Bovendien hadden ze verteld dat haar handen altijd zichtbaar moesten zijn en dat lichamelijk contact uit den boze was. Alsof ze daar op zat te wachten.

Om haar heen zaten meer vrouwen. De meeste waren jonger en hingen ontspannen in de ongemakkelijke stoelen, alsof ze hier wel vaker kwamen. Eentje speelde achteloos met een lok vuurrood haar, een ander was met haar lange nagels haar tanden aan het schoonpeuteren.

Een scherpe bel klonk en achter in de ruimte schoten een paar deuren open. Mika pakte de rand van de tafel vast. Vijf mannen sloften naar binnen en namen plaats aan de tafel. Onmiddellijk vulden geroezemoes en gelach de ruimte. Een van de deuropeningen bleef leeg.

Shit, zou hij niet komen opdagen? Tijdens de rit hierheen had ze samen met Eric alle scenario's voorbij laten komen. Van een woede-uitbarsting van haar kant tot een smeekbede om vergiffenis van hem. Maar ze had er geen seconde aan gedacht dat hij een gesprek met haar zou weigeren.

Hoe moest ze er dan achter komen wat er was gebeurd? En wie er nog steeds gevaarlijk was? Ze had Eric niets verteld over Richard en zeker niet over de waarschuwing van Alex. Anders had hij haar nooit hierheen laten gaan. Hij maakte zich sowieso al veel zorgen over haar…

Daar stond hij. Mika hield haar adem in. Hij was het echt, in zijn gewone kleren. Een spijkerbroek en linnen overhemd. Alles zat precies goed. Zijn donkere haar was kortgeschoren, hij had een beginnend grijs baardje.

Even bleef Alex staan en speurde de ruimte af. Toen hij haar zag zitten, gleed er een glimlach over zijn gezicht en liep hij rustig haar kant op. Zijn pas was soepel, ontspannen zelfs. Alsof ze elkaar al jaren kenden en nu samen gezellig een hapje gingen eten.

Mika keek weg en zocht de camera's. In elke hoek hing er een, en vlak boven haar hoofd ook. Mensen hielden haar in de gaten, ze was veilig. Ze kneep harder in de rand van de tafel en ademde diep in. Ze kon dit. Het was belangrijk de vragen kort te houden en zich niet te laten manipuleren. Ze moest meteen de leiding nemen in het gesprek.

'Hallo Alex,' zei ze al voordat hij ging zitten.

'Dag Mika.' Zijn stem was zacht. Hij bleef voor de tafel staan en keek haar recht aan. 'Wat fijn dat je bent gekomen.'

Ze knikte. 'Ga zitten.'

'Graag.' Hij schoof de stoel aan en legde zijn handen op tafel. 'Sorry, maar ik moet even naar je kijken. Jullie lijken zo op elkaar. En nu je haar wat langer is en met die lippenstift...'

'Laten we het zakelijk houden,' onderbrak ze hem snel.

Zijn linkeroog trilde en ze leek hem te hebben gekwetst, maar hij zei: 'Natuurlijk, zoals je wilt. Wat kan ik voor je doen?'

Terwijl ze naar haar handen keek, vertelde ze over haar twijfels. Niets over het schriftje, maar wel dat ze er steeds meer van overtuigd was geraakt dat Abby hem echt leuk had gevonden en dat ze de mensenkennis van haar zus hoog inschatte. 'Maar ik heb nog wel een paar vragen voor je.'

'*Finalement*,' fluisterde hij. 'Je twijfelt.'

Nu keek ze wel op. Zijn warme, donkere ogen stonden waterig.

'Ik ben zo blij dat je dit zegt.' Hij legde zijn handen op de plastic plank. Meteen klonk een alarm en hij trok ze snel terug. 'Je hebt geen idee. Ik zou Abby nooit iets hebben aangedaan. Echt nooit. Ik was al maanden verliefd op haar.'

'Maar waarom had ze dan striemen om haar polsen?'

Hij keek haar aan en haar huid begon te tintelen. Die blik, hij leek recht in haar gedachten te kunnen kijken. Zijn ogen waren nog donkerder dan ze zich herinnerde.

'Wil je het daar echt opnieuw over hebben?' vroeg hij.

Ze schudde haar hoofd. Het was waar, ze had het hem al tijdens het proces horen zeggen. Dat het een spel was geweest, waar ze allebei van hadden genoten. 'Waarom ging je voor een tweede keer haar appartement binnen?'

'Ik hoorde haar in mijn eigen huis gillen. Gilbert was met een smoes aan haar deur gekomen, vertelde Abby me later. Hij wrong zich naar binnen en zat meteen aan haar, wilde haar kussen. Toen ze hem wegduwde, begon hij zichzelf te betasten. Hij was volgens haar stomdronken. Ik heb me natuurlijk meteen aangekleed toen ik het gegil hoorde, maar toen ik eenmaal bij haar was, was die eikel al gevlucht.' Hij sloeg zijn ogen neer. 'Eigenlijk heb ik dit ook allemaal al verteld.'

Nu leek hij weer zo op Idris Alba. Ze kon zijn warmte bijna voelen, rook zijn zeep. En dan die lippen. Nee, laat je niet afleiden.

'Dat is waar,' zei ze snel. 'Maar toch begrijp ik nog iets niet. Waarom ben je toen maar zo kort bij haar gebleven? Ze moet echt zijn geschrokken, waarom hebben jullie geen contact opgenomen met de politie?'

'Dat wilde Abby per se niet. Ze wilde geen gedoe binnen het appartementengebouw. Ze wilde er zo graag blijven wonen. Ik probeerde haar te overtuigen, maar toen werd ik gebeld door het ziekenhuis. Er zou een spoedgeval zijn. Een zwaar auto-ongeluk.'

'Maar dat bleek onzin.'

Zonder haar aan te kijken bleef hij met zijn hoofd schudden. 'Ja, dat begrijp ik zelf ook nog steeds niet. Ik kwam op de eerste hulp aan, waar iedereen stomverbaasd was me te zien. Niemand had mij gebeld. Op mijn telefoon was alleen te zien dat het een niet te traceren nummer was. Het is voor mij ook nog steeds een raadsel wat daar is gebeurd.'

'Je moet terwijl je hier zat toch theorieën hebben bedacht.'

Hij snoof. 'Honderden. Kijk, de politie wilde een snelle veroordeling. Dat begrijp ik. En ik was hersenchirurg, was bij Abby geweest en ik had volgens hen een gammel alibi. Het lijkt een no-brainer. Maar ze hebben nooit mijn tijdlijn goed doorgelopen. Nooit gecheckt hoelang ik precies in het ziekenhuis ben geweest en of dat klopte met de tijd van de moord.'

'En die hoody in de wasmachine?'

'Ja, die heb ik er zelf in gedaan. Die lag gewoon op een

stoel in mijn slaapkamer en moest al gewassen worden. Die heb ik er die ochtend zonder na te denken in gegooid.'

Ze schoof haar stoel naar achter. 'Dit klinkt toch wel heel erg vreemd.'

'Dat snap ik, maar echt, ik heb het niet gedaan.' Hij legde zijn handen open op tafel. 'Ik hoop zo dat je me gelooft. Kijk, voor mij maakt het niets uit. Ik zit hier. Maar de dader loopt nog rond. En misschien ben jij zijn volgende doelwit.'

Mika's nekharen prikten. 'Maar van wie dan?'

'Abby's ex? Ze heeft weinig over hem verteld, maar ik begreep wel dat hij haar niet goed had behandeld. Misschien had hij mij gezien, werd jaloers en wilde mij erin luizen.'

Ze schudde haar hoofd. 'Dat klinkt te bedacht, zo creatief is Richard niet.'

'Mensen zijn tot duistere dingen in staat. Geloof me, ik heb het gezien.'

Opnieuw keken ze elkaar recht aan, maar nu zonder iets te zeggen. Toen hij glimlachte lichtten zijn ogen op. Mika voelde haar wangen rood worden. Zijn huid glansde, ze zou hem zo graag even aanraken. Nee, nee, dit kon niet.

'Hoe is het met je zoontje?' vroeg ze snel om de spanning te breken. 'Kun je hem hier nog wel regelmatig zien? Ik kwam vanochtend toevallig Celine tegen. Ze zijn ergens anders gaan wonen, begreep ik?'

Zijn ogen werden nog een tint donkerder. 'We zijn gescheiden. Nog voor het proces.'

'Wat sneu, voor jullie alle drie.'

'Het maakt niets meer uit.' Zijn blik was naar binnen gekeerd. 'We waren het al veel langer van plan. Ons huwelijk was liefdeloos. Eigenlijk gaat het nu zelfs beter. Celine komt altijd haar belofte na om Luc elke zondag te brengen. Gelukkig, anders zou ik het hier niet volhouden.'

Weer keken ze elkaar zwijgend aan. De rest van de ruimte verdween naar de achtergrond.

'En met jou?' vroeg Mika snel. 'Hoe gaat het hier met jou?'

Hij haalde zijn schouders op. 'Ik heb het niet slecht. Ik werk mee op de ziekenafdeling, mag mijn medische literatuur bijhouden, volg virtuele seminars.'

'Hoelang nog?'

'Met goed gedrag, een jaar of vijf. Dat red ik wel.' Hij boog wat naar voren. 'Maar belangrijker is... hoe gaat het met jou?'

Zijn warme stem, die blik, zijn rechtstreekse vraag. Het kwam allemaal onverwacht hard binnen. Mika's ogen prikten. Ze wilde niet huilen. Niet hier. Maar als ze nu ook maar een woord zou zeggen, zou ze de tranen niet langer tegen kunnen houden. Ze kneep haar handen hard samen en zweeg. De lucht hing zwaar om hen heen.

'Ik begrijp het... het valt niet te omschrijven,' zei hij en maakte een gebaar alsof hij een arm om haar heen sloeg. 'Ik sta ook elke dag op met zo'n leegte vanbinnen. Alsof ik helemaal ben uitgehold.'

Ze knikte en voelde toch een traan over haar wang glijden. 'Zo is het precies.'

Een harde toeter klonk. Ze schrokken op.

'Nog een minuut,' klonk door een onzichtbare luidspreker.

Alex zuchtte diep. 'Dank je.'

'Waarvoor?'

'Hiervoor.' Hij maakte een weids gebaar. 'Je bezoek, je begrip. Dat je wilde luisteren.'

'Het helpt mij ook.'

Hij glimlachte. 'Fijn te horen. Maar alsjeblieft, let op jezelf. Die Richard. Misschien Gilbert. Of merde, die Marcel... die is me altijd te nieuwsgierig geweest, een nare man.'

'Ja dat viel me ook op...'

Een tweede toeter klonk. Stoelen werden verschoven, de mannen stonden op.

Alex zocht haar blik. 'Kom je nog eens?'

'Dat denk ik niet.'

Zijn linkeroog trilde en hij stond op. 'Dat begrijp ik. Take care.'

Ze keek hem na terwijl hij de ruimte uit liep. Pas toen hij uit het zicht verdween stond ze ook op. Een man in een grijs uniform vroeg haar hem te volgen en gaf haar haar spullen terug. Even moest ze wachten tot een deur openging, daarna wensten ze haar een goedendag en liep ze naar buiten. Eindelijk weer de frisse avondlucht in. Kleine sneeuwvlokken vielen op haar wangen. Ze stak haar handen uit om ze op te vangen.

36

'En? Heeft hij het gedaan?' vroeg Eric meteen, nog voordat ze haar autogordel om had gedaan.

'Ik denk het niet. Maar eerlijk gezegd weet ik het nog steeds niet zeker.'

Eric startte de motor. 'Maar hoe reageerde hij? Rustig? Boos? Sprak hij aardig over haar?'

'Hij was eigenlijk heel lief.'

'Lief?' Over zijn schouder kijkend reed hij achteruit. 'Hoe dan?'

'Hij is nog steeds verdrietig over Abby. Hij helpt in het ziekenhuis daar. Mist zijn zoontje. En dan die warme stem...'

Eric trapte abrupt op de rem. 'Vind je hem aantrekkelijk?'

'Wat? Nee, natuurlijk niet. Jezus Eric, doe normaal.'

Hij hield verontschuldigend zijn handen van het stuur. '*Don't shoot the messenger.* Maar zo heb ik je over Alwin nog nooit horen praten.'

'Rijden jij,' zei ze zo streng mogelijk, maar ze kon haar

lachen amper inhouden. 'Niet iedereen is alleen maar met seks bezig.'

Hij haalde zijn schouders op. '*Wake up, honey*, hier in Parijs wel.'

'Mijn god, je bent echt een groot cliché.'

'Je hebt nog niet eens de helft gehoord. Ik ben veel erger dan je denkt.' Eric reed verder over de enorme parkeerplaats en zette de radio aan. 'Zoek jij maar eens lekkere foute kerstmuziek uit.'

Ze vond 'All I Want for Christmas' van Mariah Carey en leunde achterover. De sneeuw deed haar denken aan een jaar geleden, toen ze net aankwam in Parijs. Nog steeds hoopvol dat ze Abby zou vinden. Terwijl haar zusje toen al opengesneden in de steeg lag. En nu werd het steeds onwaarschijnlijker dat de echte dader was gestraft. Ze zuchtte.

'*I just want you for my own, more than you could ever know*,' zong Eric steeds harder mee. '*Make my wish come true. All I want for Christmas is you.*'

Ze reden langs de laatste rij geparkeerde auto's en net toen ze ook diep ademhaalde voor het refrein, zag ze in een flits Celine. In een Landrover, over haar telefoon gebogen.

'Hé, het is toch geen zondag?' vroeg ze.

'Mon Dieu, schat, nu ga ik me echt zorgen maken.' Eric wachtte tot de slagboom omhoogging en reed verder. Op de weg bleef een dun laagje sneeuw liggen. 'Het is pas vrijdag. De tweeëntwintigste, als je dat ook wil weten. Waarom denk je dat het zondag is?'

'De vrouw van Alex, Celine, komt hier alleen op zondag. Ik zag haar net zitten in een auto.'

Eric draaide de muziek zachter. 'Misschien heb je het niet goed gezien. Het is best donker.'

'Ze is opvallend lang. Mooi ook. Ik denk niet dat ik me vergis.'

Ze draaiden de Boulevard Périphérique op waar Eric moest uitwijken voor een scooter. Meteen ramde hij op zijn toeter.

'*Salop*!' schreeuwde hij en sloeg op het raam. Direct daarna keek hij Mika met een volkomen andere, kalme blik aan. 'Dacht je ook niet dat je werd gevolgd in Nederland? En dat je Abby overal zag?'

Ze staarde naar de steeds dikker wordende sneeuwvlokken. Eric had gelijk. Ze kon haar eigen beoordelingsvermogen niet meer vertrouwen. 'Alles is zo'n mindfuck. Ik weet ook niet meer wat ik moet doen. Wat ik moet geloven. Hoe het moet met...'

Haar telefoon ging, en toen ze de naam op het scherm zag nam ze meteen op.

'Sandrine?'

'Hallo, ik wilde u toch nog even iets zeggen.' Haar stem was zacht, bijna fluisterend, en klonk gehaast. 'Uw twijfels zijn terecht.'

'Wat bedoel je?'

'Over de dader,' zei ze nog zachter. 'Het onderzoek ging te snel. We konden niet zorgvuldig zijn. U moet verder zoeken.'

'Wil je me helpen? Waar moet ik beginnen?'

'Dat risico kan ik niet nemen. Ik heb een gezin en... *Quand même, bonne chance.*'

'Nee, Sandrine please, niet ophangen.'

'Begin bij het ziekenhuis.'

'Waarom? Wat moet ik daar dan vragen?' riep ze in haar telefoon. Maar het was zinloos, Sandrine had al opgehangen. Tegen beter weten in belde ze meteen terug. Voicemail. 'Please Sandrine, bel.'

'Was dat die rechercheur?'

Mika knikte. 'Wás inderdaad. Ze werkt niet meer bij de politie. Ze belde om te zeggen dat het onderzoek niet goed is gegaan.'

'Dat begreep ik. Waar zei ze dat je moest beginnen?'

'Hôtel Dieu, het ziekenhuis waar Alex werkte. Hij zei net ook al dat de tijdlijn niet klopte.'

Eric nam de afslag voor Porte Vincennes. 'Nou, dan gaan we er morgenochtend meteen heen.'

'Nee.'

Eric draaide de radio uit. 'Wil je niet dat ik meega?'

'Nee, ik wil niet morgen pas gaan. Ik wil nu.'

'Maar schat, ik kan nu niet. Ik ga vanavond met Pierre eindelijk naar *Musk*, een theaterstuk dat we al heel lang wilden zien.'

'Pierre?'

'Ja, de directeur van het Grand Palais, we zijn al bijna drie maanden samen.'

Ze zuchtte. 'Sorry Eric, ik ben een, hoe zeg je dat, *une*

salope? Ik ben echt alleen maar bezig geweest met mezelf.'

'*Absolutement*. Maar het is je vergeven.'

De sneeuw werd heftiger en op de drukke Avenue de la Porte Vincennes bleef het nu ook liggen.

'Hoe is het mogelijk dat het hier weer een witte kerst wordt?' Ze maakte een foto en stuurde die naar Alwin. *Ben druk bezig*, tikte ze erachteraan. Ze draaide zich naar Eric. 'Jammer dat je niet mee kan, maar zou je me toch bij het ziekenhuis willen afzetten? Ik moet echt verder met zoeken.'

Hij legde zijn hand op haar schouder. 'Lieverd, dat snap ik toch. Je wilt voor kerst thuis zijn.'

'Precies,' zei ze, maar eigenlijk wist ze het niet meer zo zeker.

37

Een deel van de straatverlichting was kapot en door de jagende sneeuw was het moeilijk te zien waar ze liep. Om zich toch te kunnen oriënteren schoof Mika met haar rechterhand langs de muren van de huizen. De straat was bijna verlaten en op de stoep lag inmiddels een dikke laag sneeuw. Ze rilde en dook dieper in de kraag van haar jas. Als iemand had gezegd dat ze op dit moment in Moskou liep had ze het ook geloofd.

Eric had haar op de hoek van de straat afgezet en uitgelegd dat ze nog maar tweehonderd meter hoefde te lopen. Dan zou ze er nu ongeveer moeten zijn, maar ze zag nog niets dat op een ziekenhuis leek. Plotseling doemde uit de sneeuwmist een man in een lange jas op en ze wendde automatisch haar blik af. Dat had ze geleerd van haar moeder. Op plekken waar je je niet veilig waande, moest je geen enkele aanleiding tot contact geven. Natuurlijk voelde dat vreselijk oneerlijk, maar in de praktijk bleek het toch vaak een verstandig advies.

De man liep rustig voorbij en ze ademde weer uit. Toen

trok plots iemand aan haar sjaal. Zonder om te kijken rukte ze zich los en begon te rennen. Maar de stoep was glad en ze kwam nauwelijks vooruit. De man had haar alweer ingehaald en greep nu haar arm. Ze trapte naar achter.

De vent schreeuwde van de pijn en ze kon meteen loskomen. Met alle kracht die ze in haar beenspieren had, zette ze zich opnieuw af. Nu kreeg ze wel grip en vaart. Haar hartslag versnelde. Ze ging dit redden. Maar al na tien meter gleed ze uit en viel voorover.

'Mika!' riep de man. Hij stond direct naast haar en hielp haar omhoog. 'Gaat het?'

'Verdomme!'

'Sorry Miek.'

Ze klopte de sneeuw van haar kleren en pakte haar tas op. 'Richard, klootzak.'

'Onherkenbaar hè?' Hij glimlachte verontschuldigend. 'Ja, ik dacht nu baarden in de mode zijn…'

Mika deed een stap naar achter. Hij was broodmager, zijn wangen zaten onder de zweren en zijn baard was dik en onverzorgd. Zijn jas was nu volledig gescheurd en hij had plastic zakjes met elastieken om zijn schoenen. Een zware urinegeur prikte in haar neus. 'Allemachtig, wat heb je jezelf aangedaan?'

'Ik kan niet meer.' Hij leunde hoestend tegen de muur. 'Ik ben op.'

'Dat zie ik.'

Haar gedachten gingen razendsnel. Een paar koude nachten op straat zou hij zeker niet overleven. 'Wat doe je hier eigenlijk? Komen we elkaar weer "toevallig" tegen?'

'Nee, ik dacht je al bij Abby's huis gezien te hebben,' antwoordde hij hijgend. 'Bij de steeg, maar ik wist het niet zeker. En toen dacht ik vanmiddag ineens dat je óf bij het appartement óf hier bij het ziekenhuis zou zijn. Waar die Alex heeft gewerkt. En je was niet bij haar huis, dus ik dacht toen...'

'Sta je hier al de hele middag?'

Hij knikte. 'Het is niet alsof ik iets anders te doen heb.'

De wind trok ineens aan en de sneeuw sloeg in haar gezicht. 'Kom, je gaat mee naar binnen.'

'Ben je gek geworden?'

'Nou, hier kan je niet blijven. Dat lijkt me duidelijk.' Ze pakte zijn arm. 'Kom.'

Hij trok zich los en kuchte weer. 'Waarom doe je dit? Ik kan dit ziekenhuis toch niet betalen?'

'Omdat Abby dat had gewild.' Ze keek recht in zijn rooddoorlopen ogen. 'Ik weet het, Richard. Dat je op het laatst gewelddadig tegen Abby was.'

'O Miek, dat spijt me zo en ik...'

Mika hield haar handen omhoog. 'Jaja, ongetwijfeld door de drank, frustraties. Whatever. Ik weet dat Abby blij was van je af te zijn. En ook al ben je een eikel, je bent toch nog een beetje familie. Dat voelde Abby ook zo.'

Hij glimlachte. Ze zag dat twee voortanden afgebroken waren.

'En ik weet nu zeker dat je haar niet hebt vermoord,' besloot ze.

'Hè? Heb je dat ooit wel gedacht dan?'

Ze haalde haar schouders op. 'Niet echt, maar ik twijfelde wel.'

'Waarom in godsnaam?'

'Omdat je tegen me had gelogen. Over wanneer je haar had gezien, wat je van haar wilde. Maar toen zag ik die bloemen en ineens begreep ik het. Je kwam hier niet alleen omdat je moest schuilen voor je schuldeisers, maar vooral omdat je nog van haar hield.'

Hij wilde iets zeggen maar begon weer te hoesten en knikte alleen.

'En je bent hier gebleven omdat je je schuldig voelde. Omdat je haar niet hebt kunnen redden.'

'Zo is het.' Zijn ogen vulden zich met tranen. 'Zo is het precies, dat vind ik zo erg. Terwijl ik rond haar huis zwierf, is zij...'

'Je kon er niets aan doen. Niemand kon er iets aan doen.' Mika wreef over zijn rug. De sneeuw kwam nu bijna horizontaal voorbij. 'Kom. We bevriezen hier.'

'Kunnen ze nog iets voor me doen, denk je?'

'Vast.'

Ze haakte haar arm in de zijne en samen liepen ze langzaam verder. Voor de ingang van het ziekenhuis stonden meer mensen, de meesten wachtend op vervoer. Ze liepen de hal in en vroegen naar de eerste hulp.

Het was druk, maar een kleine, oude verpleegkundige kwam direct op hen aflopen. 'Wat kan ik voor jullie doen?'

Mika bedacht dat ze een vreemd stel vormden. Zij in

een chique camelkleurige jas, gearmd met een man die eruitzag als een zwerver.

'Mijn zwager is erg onderkoeld, en ik denk dat hij een zware longontsteking heeft,' zei ze en hielp Richard in een stoel. Ze pakte een visitekaartje uit haar tas. 'Als er kosten aan zijn behandeling zijn verbonden, dan is dit mijn mobiele nummer, u kunt mij altijd...'

De verpleegkundige maakte een afwerend gebaar. 'Dat is niet nodig mevrouw. We helpen hier iedereen. Ongeacht hun financiële mogelijkheden. Ik zal een plek voor hem zoeken.'

'Dat heeft hij nodig, denk ik.' Ze wreef weer Richards rug. 'Jij blijft even hier voor onderzoek. Ik moet door.'

'Je gaat uitzoeken wat er echt is gebeurd, hè? Met Abby.'

Ze knikte. 'De verpleegster hier heeft mijn nummer. Als er iets is, kan zij mij altijd bereiken.'

Richard probeerde te glimlachen maar verzandde in een hevige hoestbui. De verpleegkundige bracht hem een glaasje water en bracht hem met klopjes op zijn rug tot rust.

'Nogmaals bedankt, Miek,' zei hij uiteindelijk fluisterend. 'En pak die klootzak. Alex was het zeker niet.'

Hoewel ze eigenlijk wilde vragen waarom hij dat zo zeker wist, begreep ze ook dat dat nu niet het juiste moment was. 'Zal ik doen. En jij beter worden hè? We praten snel verder.'

Richard mompelde iets onverstaanbaars en sloot zijn ogen.

Mika bedankte de verpleegkundige. 'U kunt me altijd bereiken.'

'Gaat u maar,' zei de vrouw.' En een fijne kerst alvast.'

Mika liep naar de informatiebalie in de grote hal en vroeg naar de afdeling neurologie.

'Daar is niemand meer,' zei een man die niet de moeite nam op te kijken. 'De poli sluit om zes uur.'

'Maar ik kom niet voor een afspraak, ik kom voor het bezoekuur. Bij mijn tante,' loog ze.

Met een lange arm wees de vent naar links. 'De verpleegafdeling van neurologie is de trap op.'

De oude gangen van het ziekenhuis waren met gele metrotegeltjes bedekt en door de tl-lichten had ze het gevoel het decor van een enge jarenzestigfilm binnen te stappen. Ze was opgelucht toen ze ook andere bezoekers tegenkwam. Bij de afdeling neurologie zaten twee jonge coassistenten bij de balie. Mika besefte opeens dat ze eigenlijk geen idee had wat ze hier precies wilde vragen.

'Kan ik u helpen?' vroeg een van de coassistenten die meteen om de balie heen kwam lopen.

Mika legde uit dat ze iets wilde vragen over dokter Alex Diallo. Maar de lange vrouw met platinablond haar antwoordde dat ze hem niet kende. 'Wel een mevrouw Diallo,' zei ze. 'Maar die werkt bij interne geneeskunde.'

Nu kwam ook de andere, kleinere vrouw met een kar vol bakjes medicijnen aangelopen.

'Ik ken hem wel,' zei ze meteen. 'Ik heb bij hem coschappen gelopen. Zo'n fantastische arts. We missen hem nog steeds.'

'Daar wilde ik het even over hebben. Die veroordeling.'

'Nou, liever niet,' zei de vrouw en ze wees naar de kar met medicijnen, 'want zoals u ziet, zitten er nogal wat patiënten op ons te wachten.'

'Dat snap ik natuurlijk,' zei Mika snel. 'Jullie moeten door. Maar ik heb eigenlijk maar een korte vraag: heb je die bewuste nacht van de moord met hem gewerkt?'

De vrouw deed een stap naar achter. 'Waarom wilt u dat weten?'

'Ik weet dat hij het niet heeft gedaan, maar dat moet ik eerst nog wel bewijzen.'

De vrouw haalde haar schouders op. 'Ja, dat weten we hier allemaal. Maar de politie wilde niet naar ons luisteren.'

'Hoe weet je dat dan zo zeker?'

'Ik heb zelf met hem gewerkt, die vroege uren in de ochtend, toen hij voor niets naar het ziekenhuis was gekomen maar toch bleef. Ik heb die agent dat ook gezegd. Dat Diallo hier stond te opereren, terwijl hij geen dienst had. Zo'n man was het. Of ís het natuurlijk.'

'Wat zei de agent toen?' vroeg Mika.

'Dat er geen schriftelijk bewijs was. Geen logboek ofzo. Natuurlijk is dat er niet, de dokter had ook niet in het ziekenhuis moeten zijn.'

De vrouw met het blonde haar gaf een zetje tegen de kar. 'Sorry Maria, maar het is al bijna acht uur, we moeten door.'

'Ja, ik kom,' zei de vrouw en ze liep mee achter de kar. 'Als u meer wilt weten over die nacht, kunt u ook naar zijn vrouw vragen. Nou ja, ex-vrouw eigenlijk. Zij werkt hier ook. Internist Diallo.'

Terwijl de twee assistenten doorpraatten over het stukgelopen huwelijk van de Diallo's en de vraag of zij de naam van hun ex-man zouden aanhouden na een scheiding, zag Mika achter de balie een foto van Alex hangen. Omringd door het Franse paralympisch basketbalteam. Stoer en stralend stond hij tussen hen in. Wat was het mooi geweest als hij en Abby wel een toekomst hadden gehad, bedacht ze terwijl ze naar buiten liep. En wat was het zonde dat dat onmogelijk was geworden.

38

Het gepiep van een vrachtauto die onder haar raam achteruitreed maakte haar wakker. Mika zag dat ze vergeten was de gordijnen dicht te doen. Gisteravond was ze doodmoe op bed gecrasht. Bij het ziekenhuis had ze door de sneeuw geen taxi kunnen vinden, dus was ze maar naar huis gelopen. Onderweg had ze falafel gekocht die ze daarna starend naar een onbegrijpelijke Franse realityshow voor de helft had opgegeten. Nog even had ze gezocht naar de uitgescheurde laatste gele pagina's van Abby's notitieboekje, tevergeefs helaas, en uiteindelijk was ze om tien uur al gaan slapen.

Mika stond op en schoot snel een spijkerboek en kasjmier trui van Abby aan. Ze had nog maar een dag om hier alles uit te zoeken, morgenochtend moest ze echt de Thalys naar huis nemen. Vlug zette ze een kop koffie en stuurde een selfie naar de jongens met de tekst *cadeautjes komen er bijna aan*. Ze wilde net verdergaan met het uitzoeken van Abby's kleren toen ze het ongeopende pakketje zag liggen. Dat was haar een jaar geleden ook al opgevallen en nu lag het er nog steeds. Waarom had de politie dat eigenlijk nooit opengemaakt?

Ze pakte een mesje, sneed de tape kapot en vouwde de doos open. In roze vloeipapier lag keurig opgevouwen een klein rompertje, met voorop een klavertje vier en 'Livia' in groene letters. Ze las het kaartje dat erbij lag.

Lieve Abby,

Het is nu zeven jaar geleden dat ons meisje ons verliet met haar eerste glimlach op haar gezicht. Ze kon niet meer. Die achtenveertig dagen met Livia staan in mijn hart gegrift. En ik weet bij jou ook. Sterkte vandaag,

Liefs, Richard

Mika liet zich op een stoel zakken. Haar ogen vulden zich met tranen. Daarom was Richard vorig jaar met kerst naar Parijs gekomen. Hij wilde samen met Abby Livia's dood herdenken. Waarom had hij dat niet gewoon gezegd? En wat ontzettend ongevoelig dat ze er niet aan had gedacht om Abby te bellen op Livia's sterfdag. Drie dagen voor kerstavond. Ze wist het nog precies. Met zijn allen in het koude Maasstad Ziekenhuis, dat kleine mensje aan al die draden en piepende machines, en dat intense verdriet van Abby en Richard.

Ze moest nu naar hem toe. Om te zeggen dat ze het begreep en te vragen waarom hij het haar niet had gezegd. Snel pakte Mika haar tas, liep naar de gang en schoot in haar jas. Pas toen ze de voordeur open wilde doen, zag ze dat die op een kier stond.

Dit was bizar. Ze wist zeker dat ze hem gisteren had afgesloten. Juist omdat ze haar hoofd nu niet echt kon vertrouwen, had ze wel drie keer de sleutel omgedraaid. Er was dus maar een conclusie mogelijk: vannacht was er weer iemand binnen geweest. Ze huiverde bij de gedachte dat dat was gebeurd terwijl ze sliep.

Dit kon maar een persoon hebben gedaan. Mika deed haar jas uit, gooide de deur achter zich dicht en nam met twee treden tegelijk de trap naar beneden. Haar bezoek aan Richard zou moeten wachten. Ze moest eerst Marcel confronteren. Hij was de enige die nog een sleutel kon hebben.

Beneden brandde al licht in zijn kantoortje, maar ze kon hem nergens vinden. Ze zag wel dat er nog steeds een camera op de voordeur gericht stond. Op een iPad op het bureau zag ze zwart-witbeelden van de ingang voorbijkomen. Haar borstkas leek te krimpen. Ze ademde extra diep in. Zat hij nou iedereen te bespieden?

'Mevrouw, kan ik u helpen?'

Ze maakte een sprongetje. 'Mon Dieu Marcel, laat je me weer schrikken.'

'Excuses, maar u staat wel in míjn kantoor.'

'O ja, sorry.' Ze deed een stap naar achter. 'Ik heb een vraag. Al twee nachten komt er iemand in mijn appartement. Terwijl ik slaap.'

'Terwijl u slaapt. Wie dan?'

'Geen idee. Daarom ben ik hier. Wie hebben er eigenlijk nog meer een sleutel?'

Marcel zakte in zijn stoel. Zijn gebreide kersttrui met rendieren trok strakker om zijn dikke buik. 'Ik alleen, maar...'

'Waar ligt die?' onderbrak ze hem meteen.

Marcel wreef over zijn snor. 'Hier in de la, net als de andere sleutels, maar ik...'

'Doe open.'

'Mevrouw, rustig alstublieft,' zei Marcel, maar met een kleine sleutel die aan zijn sleutelbos hing, draaide hij ondertussen wel zijn bureaula open. Mika zag een verzameling sleutels met allemaal een andere kleur label.

Hij pakte de rode eruit. ERIKSON stond erop. 'Hier dus, maar zoals ik u al de hele tijd probeer te zeggen, moet u wel de sloten vervangen. Die zitten er al zo lang op en ik weet niet aan welke kerels uw zus allemaal haar sleutel heeft gegeven.'

Mika klemde haar tanden op elkaar. Ongelofelijk, deze vent. Racist én vrouwenhater. Maar nu boos worden zou averechts werken. 'Oké, en hoe vaak gebruik jij die sleutel eigenlijk?'

'Af en toe voor klusjes, zoals in het contract staat. Maar niet als u er bent.' Ineens fronste hij zijn wenkbrauwen. 'U denkt toch niet dat ik...'

Haar borstkas leek nog nauwer te worden, maar ze bleef hem strak aankijken. 'Ik weet niet wat ik moet denken.'

'Ik heb niemand iets aangedaan. Ik zit gewoon hier, check de beelden,' Hij wees naar zijn iPad. 'Neem ook de pakjes aan. Dat moet wel met die jochies uit de...'

'Ja, uit de banlieues, dat weet ik nog. Maar je komt nooit boven?'

'Alleen als het moet, maar niet midden in de nacht of zo. Helaas hangen er boven geen camera's meer, dat mocht niet van de politie. Anders had ik het u kunnen laten zien.'

Ze ademde diep in. Marcel was een klootzak, maar eigenlijk leek hij te laf om een moordenaar te zijn. 'Enfin, kun je voor me controleren of er iemand vannacht door de voordeur binnen is gekomen?'

'Dat gaat wat tijd kosten.' Hij wreef weer over zijn snor. 'Maar dat kan ik wel voor u doen.'

'Mooi.'

Ze bedankte hem en liep naar de lift die nog open was. Pas toen ze erin stond, ademde ze langzaam uit. Kon ze Marcel definitief van haar lijstje verdachten schrappen? Terwijl ze zijn vreemde opmerkingen doornam, drukte ze op de knop voor de vierde etage. Net toen de deuren sloten, stapte er nog iemand in.

'Gilbert,' gilde ze bijna.

'Dag Mika, die eigenlijk Abby zou moeten heten.'

'Woon je hier nog?'

Gilbert knikte. Zijn grijze haren waren ongekamd en hij had een gekreukt smokinghemd aan. 'Vind je dat geen fijn idee?'

'Niet echt, nee.' Ze rook zijn drankkegel en deed een

stap naar achter. 'Ik dacht dat je was gescheiden.'

Hij grinnikte. 'Alleen omdat Abby en ik een affaire hadden?'

'Jullie hadden niets.' Mika zag dat ze bij de tweede verdieping waren. 'Ze heeft je meteen afgewezen.'

'Ha, dacht je dat?' Hij deed een stap dichterbij. 'Zal ik je laten voelen hoe het was...'

Ze hield haar handen afwijzend in de lucht. 'Flikker op, Gilbert.'

De deur schoof open, maar hij ging voor de opening staan. 'Kom op, Mika... Ik beloof je dat...'

'*Casse toi*,' riep ze en met twee handen tegelijk duwde ze hem naar achter. Gilbert wankelde en snel stapte ze de gang op. 'Ga naar huis man.'

'Mika?' Ineens klonk een zachte stem recht achter haar. 'Gaat het?'

Ze draaide zich om. 'Hé, Andrietta.'

'Nou dames, een fijne dag nog.' Gilbert kuste zijn vingers. 'Het was heerlijk Mika, dank je, schat.'

En nog voordat ze kon reageren, had hij zijn voordeur geopend en was naar binnengestrompeld.

'Wat een nare man,' zei ze tegen Andrietta.

'Zijn ze dat niet allemaal, ma chérie?' Andrietta knoopte haar peignoir hoger dicht. 'Heb je zin in die kop koffie? Ik ben echt een kunstenares in het koffie maken.'

Mika glimlachte. 'Dat zou ik eigenlijk heel erg fijn vinden. Maar eerst moet ik nog even iets doen. Is rond half elf ook goed?'

'Bien sur, ma chérie. Altijd welkom, en ik denk dat ik...'

Mika's telefoon klonk luid. Snel pakte ze hem uit haar zak. Een onbekend Frans nummer. Het zou het ziekenhuis kunnen zijn.

'Sorry, Andrietta.'

'Geen probleem, we zien elkaar straks.'

Terwijl Andrietta haar deur dichtdeed, nam Mika op. 'Hallo?'

'Mevrouw Erikson? Hier de verpleegkundige uit Hôtel Dieu. Het gaat om uw zwager.'

'Natuurlijk.' Ze probeerde met één hand de sleutel in haar slot te krijgen. 'Knapt hij al wat op?'

'Nou, eigenlijk niet. Hij is erg benauwd. De dokter heeft besloten hem straks te intuberen. Hij vroeg of u nog even kon komen...'

'Vanzelfsprekend, ik pak mijn jas en ben er zo.'

39

Mika stampte de sneeuw van haar schoenen voordat ze naar binnen liep. Op het bord vond ze de locatie van de longafdeling en ze nam de trap naar de tweede verdieping. De verpleegkundige herkende haar al van een afstand en ging haar voor naar Richards kamer.

'Vannacht is zijn toestand erg verslechterd,' zei ze terwijl ze een lange gang in liep. 'De antibiotica is vooralsnog niet aangeslagen. Het spijt me, maar het ziet er niet goed uit voor uw zwager.'

'Hij wordt toch wel beter?'

De verpleegkundige stond stil voor een kamer met twee patiënten. 'Eerlijk gezegd schat ik dat hij vijftig procent kans heeft. Niet meer, vrees ik. U heeft vijf minuten, hij moet snel naar de ic.'

Mika zag Richard voor het raam liggen, weggezakt in een hoge stapel kussens. Hij zag er beter uit. Hij was geschoren en had meer kleur op zijn wangen, hoewel dat ook de koorts kon zijn. Ze pakte een stoel en schoof die naast hem. 'Hé Richard, hoe gaat het?'

Hij opende zijn ogen en glimlachte alleen.

Ze pakte zijn hand. 'Heb je pijn?'

'Volgens mij ben ik high van de pijnstillers.' Hij praatte heel zacht, ze kon hem met moeite verstaan. 'Fijn dat je er bent.'

'Het gaat goed komen hoor.'

'Misschien.' Hij glimlachte weer, zijn ogen stonden waterig. 'Miek, ik wilde je al die tijd nog wat zeggen.'

Ze schoof haar stoel dichterbij. 'Ik luister.'

'Die avond,' begon hij meteen. 'Je hoeft je echt niet schuldig te voelen. Laat het gaan.'

Ze slikte. 'Dat lukt me niet. Al vierentwintig jaar niet.'

'Dat weet ik, maar het was onze schuld.'

'Jullie schuld?'

Richard wilde nog iets zeggen, maar hij kreeg een zware hoestbui. Ze bood hem een glas water aan, maar hij wuifde het weg. Terwijl ze wachtte tot hij bijkwam zag ze flitsen van die avond voorbijkomen. Dat zij toch achter het stuur was gaan zitten, terwijl ze wist dat ze te veel had gedronken. Dat ze het meisje te laat had gezien. Haar lichaam op de motorkap.

Mika sloeg haar handen voor haar ogen, alsof ze de beelden daardoor kon verdringen. Maar de bange ogen van het meisje bleven om aandacht vragen.

Richard haalde piepend adem. 'Abby en ik hadden er zelf om gevraagd. Dat hadden we niet moeten doen. Weet je nog? Jij wilde niet, gaf de hele tijd aan dat je te veel had gedronken. Wij hebben je hard gepusht.'

'Echt?' Ze keek op. 'Daar weet ik niets meer van.'

'Misschien heb je het verdrongen, maar we hadden je absoluut niet mogen laten rijden. Wij hadden niets op.'

'Maar waarom reden jullie zelf dan niet?'

'Heel banaal...' Richard kneep krachteloos in haar hand. 'We wilden samen op de achterbank zitten, om te zoenen.'

'Alleen daarom?'

Richard knikte. 'Daarom was het voor ons zo logisch dat Abby na het ongeluk deed alsof zij had gereden. Daar moet je je niet meer schuldig over voelen. Echt niet. Nooit meer.'

Haar hart sloeg over. De last van het overleden meisje was ondraaglijk geweest, ook al was die kleine zelf door rood licht gefietst. Maar die last was al die jaren verzwaard doordat Abby de schuld op zich had genomen. Dat haar zusje dagen in de cel had gezeten, voor haar. Als toen duidelijk was geworden dat zijzelf diegene was geweest die had gereden, met drank in haar lichaam, was ze zeker veroordeeld. Abby had haar gered.

'Dat is een opluchting...'

Richard haalde moeizaam adem. 'Ik denk dat Abby niet besefte hoe schuldig je je daarover voelde, maar laat het dus gaan.'

Twee verpleegkundigen kwamen naast het bed staan. 'Sorry, we moeten hem meenemen.'

'Nog één vraag Rich, waarom denk je dat Alex het niet was?'

'Zijn blik toen hij over Abby sprak.'

'Heb je hem gesproken?'

Richard knikte en wilde nog iets zeggen, maar de verpleegkundige schudde haar hoofd. 'U moet mee meneer.'

'Dag Miek.'

'Beter worden hè.' Mika boog zich voorover en gaf hem een kus op zijn voorhoofd. 'Tot snel.'

Ze volgde Richards bed richting de intensive care, zwaaide en liep daarna door naar buiten. Onder het afdak van de ingang belde ze Alwin.

'Hé schat, schiet je een beetje op?' vroeg hij meteen.

Mika vertelde dat ze Richard had gezien en hoewel ze nu niet wilde uitleggen wat hij haar had verteld en waarom dat een opluchting was, beschreef ze wel hoe ziek hij was.

'Hè? Waarom heb je die lul nou geholpen?'

'Dat had Abby gewild. Hij is toch familie.'

'Die vent is gevaarlijk.'

'Hij heeft het niet gedaan. Echt niet.' Ze stak een sigaret aan en nam een stevige trek. 'En Alex trouwens ook niet.'

'Rook je weer?'

'Nog steeds ja. Maar dat is nu niet echt het punt hè?'

'Miek, dat is het zeker wel.' Alwin begon harder te praten. 'Je bent zo vreemd bezig de laatste tijd. Ik probeer echt begrip te hebben. Ik weet hoe moeilijk je het hebt, maar je bent ook moeder. En je moet op jezelf letten.'

'Hier heb ik nu echt geen zin in.'

'Wanneer dan wel? Je bent voor ons allemaal onbereikbaar.'

Ze kreeg tranen in haar ogen. 'Het is nu niet het moment, Alwin.'

'Dan moeten we maar ophangen.'

'Ja, dat lijkt me beter.'

Ze hoorde dat hij een paar keer diep zuchtte. 'Succes daar dan maar.'

'Tot morgen,' zei ze. 'Liefs aan de jongens.'

Ze hing op en belde direct Eric. Ze legde hem ook uit wat er net met Richard was gebeurd.

'Wat goed van je,' zei hij. 'Dat je alles van je af kon zetten en hem gewoon kon helpen.'

'Hij is er niet best aan toe.'

'Het klinkt niet echt goed, nee.'

Erics kalme reactie maakte dat ze hem ineens ook vertelde over het ongeluk en de open deur van het appartement vanochtend.

'Verdorie Mika, dat is niet niks. Wat heb jij veel ballast meegesjouwd in je leven.'

'Best wel, ja.' Ze drukte de peuk uit. 'Het komt allemaal ineens in een stroomversnelling.'

'Zal ik nu naar je toe komen?'

Ze begon te lopen. 'Nee, ik ga zo naar Andrietta, die bejaarde buurvrouw weet je wel, op de koffie.'

'Heb je daar nu wel zin in?'

'Ach, ik heb het beloofd. En zo'n oude vrouw, eenzaam met kerst. Bovendien, misschien kan ze nog iets leuks vertellen over Abby, daar ben ik nu wel aan toe.'

'Dat snap ik. Maar je moet me één ding beloven.'

'Wat?'

'Dat je zo meteen ook even de politie belt. En ze vertelt over de deur en de inbraak. Al denk je zelf dat je gek bent, wat overigens best zou kunnen.' Hij grinnikte. 'Maar toch, dan weten ze het in elk geval wel.'

'Doe ik.' Ze wachtte voor het zebrapad. 'Zullen we straks gaan lunchen? Hebben we alle tijd om bij te praten. Er is eigenlijk zoveel te vertellen.'

'Dat lijkt me heerlijk. Om half één?'

'Uitstekend.'

'Ik app je wel een restaurant. Tot zo.'

40

Mika stapte het gebouw binnen, maar zag Marcel weer niet in zijn kantoortje zitten. Eigenlijk had ze hem willen vragen of hij de camerabeelden al had teruggekeken. Dat had ze de politie net aan de telefoon beloofd, maar dat kon natuurlijk ook nog wel over een uurtje, direct na de koffie. De dienstdoende agent had eerst niets willen noteren, maar toen ze had aangegeven om welke zaak het mogelijk ging en Sandrines naam noemde, werd hij toegeeflijker en schreef de details op. Voor wat het waard was.

Ze nam de trap en klopte op Andrietta's deur. Meteen deed de buurvrouw open, alsof ze achter de deur had staan posten.

'Ma chérie, wat gezellig dat je er bent. Kom binnen.'

Mika liep achter haar aan door de smalle gang. Overal hingen zwart-witfoto's van feestelijke momenten. Ze zag een awarduitreiking, een jonge vrouw die poseerde op een rode loper en drie mensen die hun champagneglazen omhooghieven. Ze herkende president De Gaulle, Alain Delon, Charles Aznavour.

‘Doe je aan toneel?’ vroeg Mika.

‘Nee, ballet. Had ik dat nog niet verteld?’ Andrietta draaide zich om. Haar voorovergebogen lichaam verraadde duidelijk haar leeftijd, maar verder zag ze er weer heel verzorgd uit. Een crèmekleurige wijde broek met een zwarte coltrui en haar haren strak gekapt, alsof ze uit eten ging. ‘In een grijs verleden hoor. Toen dit lichaam nog mee wilde doen. Nu lijkt alles wel verbogen, uitgerekt en ver over de uiterste houdbaarheidsdatum.’

‘Dat valt volgens mij wel mee.’ Mika zag twee spitzen in een glazen stolp op het dressoir liggen. Op het koperkleurige plaatje eronder las ze *Ballet de l’Opéra national de Paris, Première Ballerine, 1953-1963*. ‘Prima Ballerina, je was dus echt heel beroemd.’

‘Ach, dat stelde niets voor.’ Andrietta maakte een wegwuifgebaar. ‘Allemaal vluchtige roem. Niemand die het nu nog weet, maar kom, ga lekker zitten.’

Ze stonden nu in de kleine, maar knusse zitkamer. Een paar abstracte schilderijen, een wand vol boeken, houten vloeren met kelims en dikke kussens op de banken. Mika nam plaats in een luie stoel naast de haard waar nog net een laag vuurtje smeulde. ‘Zal ik er nog een blok op gooien?’

‘Perfect, ma chérie, dan haal ik de koffie.’

In de bak met kranten en losse papieren vond Mika nog twee kleine houtblokken en ze legde ze voorzichtig op het vuur. Meteen vatte de bast vlam en voelde ze meer warmte. Ze stond op en liep langs de rij boeken. George Sand,

Colette, Françoise Sagan, Simone de Beauvoir, Daphne du Maurier.

'Ja, allemaal vrouwen.' Andrietta was naast haar komen staan, twee porseleinen kopjes in de hand. 'Of was je dat nog niet opgevallen?'

Mika schoot in de lach. 'Nu je het zegt. Heb je een favoriete auteur?'

'De Beauvoir, zonder twijfel. Ze staat vooral bekend als feministische filosofe, maar ze zag zichzelf meer als romancière. Ik ook trouwens.' Andrietta zette de kopjes neer, liep naar de boekenkast en pakte *Les belles images*. 'Dit is *absolutement* mijn favoriete roman van haar. Het gaat over de *superwoman* die alles kan, een carrière heeft, kinderen, en een man, en die op alle fronten streeft naar succes in haar leven. Daar had De Beauvoir echt een hekel aan en dat heeft ze heel goed opgeschreven. Heerlijk om te lezen. Ken je het?'

Mika zag weer de quote van De Beauvoir op de muur staan in de steeg waar Abby gevonden was. 'Niet dit boek, maar haar teksten zijn nog steeds relevant.'

'Precies, kom, neem alsjeblieft plaats,' zei Andrietta terwijl ze zelf op de bank ging zitten. 'Ja en hoe schokkend is dat? Het feminisme is al tweehonderd jaar oud en nog steeds voelt het alsof we nauwelijks zijn opgeschoten.'

'Vind je dat echt?'

Andrietta schoof naar het puntje van haar stoel. 'Mannen bepalen nog steeds een groot deel van de politiek, het bedrijfsleven, medische onderzoeken. Het bewustzijn groeit iets, maar echt wezenlijke veranderingen zie ik niet, hoor.'

'Wat moet er dan nog volgens jou gebeuren?' Mika nam een slok van haar koffie. 'Om dat wel voor elkaar te krijgen.'

Andrietta glimlachte. 'Daarvoor is maar een duidelijke oplossing… vrouwelijke solidariteit, en precies dat ontbreekt er nu nog volledig. Zoals Madeleine Albright al zei: "*There is a special place in hell for women who don't help other women.*"'

'Dat is inderdaad een sterke observatie,' zei Mika en ze nam nog een slok. 'Vrouwen nemen vooral elkaar de maat. Daar hebben ze mannen niet voor nodig.'

Andrietta perste haar smalle lippen op elkaar. 'Zo is het precies. Vrouwen krabben elkaar zelf wel de ogen uit.'

Andrietta staarde Mika lang aan, wat haar een ongemakkelijk gevoel gaf. Bijna kreeg ze het gevoel zich te moeten verdedigen, maar ze wist niet zo goed waarvoor. 'Lekkere koffie trouwens.'

'Dank je. Dat is het voordeel van ouder worden, dat je eindelijk sommige dingen doorkrijgt.' Met enige moeite stond Andrietta op. 'Weet je waar ik nu echt zin in heb? Een sigaret, wil je ook?'

'Hier binnen?'

Andrietta haalde haar dunne schouders op. 'Waarom niet? Ik rook er één per dag. Maar dan wil ik er wel lekker in mijn eigen huis van kunnen genieten.'

'In dat geval heel graag.'

‘Mooi, dan haal ik meteen even vuur,’ zei Andrietta terwijl ze al naar de keuken slofte.

Mika zakte wat onderuit en sloot haar ogen. Een diepe moeheid viel plotseling over haar heen. Het was ook allemaal wel erg veel geweest vandaag, de hectiek rond het pakje, de open deur, Marcel, die vreselijke Gilbert en dan uiteindelijk Richard.

‘Gauloises, vind je die lekker?’

Mika schoot overeind en pakte de sigaret aan. ‘Prima. Sorry, ik was even weggezakt. Ik ben ineens zo moe. Wat weet je trouwens van die Gilbert?’

‘Die schuinsmarcheerder? Dat kan ik beter aan jou vragen toch?’

‘Aan mij? Ik ken die engerd totaal niet.’

Andrietta ging weer zitten en nam een trek van haar sigaret. ‘O, ik dacht dat je ook met hem had gevreeën.’

‘Met hem?’ Mika inhaleerde diep, de smaak was zoeter dan ze zich van vroeger kon herinneren. Amandelachtig. ‘Ik moet er niet aan denken, zo’n gladjakker.’

‘Ik heb medelijden met zijn vrouw.’ Andrietta keek haar weer lang aan, haar ogen waren tot smalle spleetjes samengeknepen, alsof ze boos was. ‘Die moet al jullie verraad maar accepteren.’

‘Hoezo, óns verraad?’ Mika hoorde dat zelfs haar stem moe klonk en trok extra hard aan haar sigaret. Ze kon die nicotine duidelijk wel gebruiken. ‘Ik heb niets gedaan.’

‘Alors, zo heeft iedereen zijn eigen verhaal.’

Mika probeerde te focussen, maar haar gedachten bleven vaag. Ze nam nog een trek. 'Wat bedoel je?'

'Je ziet er erg moe uit, gaat het wel?' Andrietta stond weer op. 'Wil je niet even op de bank liggen?'

'Even ja, graag.'

Mika wilde direct opstaan, maar voelde zich plotseling duizelig worden en zakte terug in de stoel. Haar sigaret viel op de grond.

'O sorry.' Mika boog zich voorover om hem te pakken en zag onderop in de krantenbak ineens een gele bladzijde liggen. Net als die uit Abby's schriftje. Ze pakte het verfrommelde papiertje op en herkende meteen de hanenpoten van haar zus. 'Wat doet dit hier?'

'Kom mee naar de bank.' Andrietta pakte haar arm onverwacht stevig vast. 'Je bent zo slap. Ik help je even.'

'Wat doe je…' begon Mika, maar ze kon niet verder praten. Haar tong voelde slap en haar ogen draaiden weg.

'Ma chérie, kom maar. Ik zorg voor je,' hoorde ze Andrietta zeggen, maar ze kon onmogelijk nog reageren. Alles in haar lichaam leek al in slaap gesust. Misschien was even rusten inderdaad wel de beste oplossing. Mika sloot haar ogen en liet zich wegzakken in een zacht dekbed dat geen einde leek te kennen.

41

'Ik heb haar eerst dat middel gegeven,' hoorde ze Andrietta zeggen, maar Mika wist niet zeker of dat wel klopte. Of die zachte stem en de vage bewegende beelden niet alleen in haar droom voorkwamen.

'Wat heb je me gegeven?' wilde Mika vragen, maar ze kreeg haar lippen niet van elkaar. Geen enkele spier in haar lichaam leek te werken. Net als in een nachtmerrie waarbij je heel duidelijk gevaar voelt, maar het niet lukt om om hulp te roepen. Zou ze dan inderdaad nog slapen? Maar ze had wel haar ogen open.

'Had ik dat dan niet moeten doen?' ging Andrietta verder, maar het was niet duidelijk tegen wie ze sprak. 'De vorige keer heb ik dat wel gedaan. Weet je nog? Om Abby eerst rustig te maken.'

Abby? Waar had Andrietta het toch over? Waar was ze eigenlijk? Mika probeerde zich te focussen. Lag ze op een bank? En die kussens, lagen die niet in Andrietta's appartement? Ze rook plotseling weer de sterke geur van een sigaret. Misschien was ze dan toch wel wakker?

Ineens herkende ze de boekenkast. Ja, dat was het, ze lag op de bank van Abby's buurvrouw. Maar waarom was ze dan toch zo moe? Ze leek wel totaal verlamd. Zag Andrietta dan niet dat ze al wakker was?

Nu hoorde ze een andere vrouwenstem die ze niet direct kon thuisbrengen. Deze vrouw praatte zachter dan Andrietta en ze leek zich in een andere dimensie te bewegen, zo ver weg klonk ze.

'Mika had niet in slaap mogen vallen,' ging de andere vrouw verder. 'Nu heeft ze er te weinig van kunnen roken.'

Andrietta kwam vlak bij de bank staan. Mika zag een glimp van haar witte broek.

'Wat moeten we dan nu doen?' vroeg de buurvrouw.

Een lange schaduw viel over haar heen en Mika zag rode lippenstift, een donkere huid. Was dat Celine?

'Ze ligt nu in een soort coma.'

Ja, dat was Alex' vrouw, wat deed zij hier?

'Ze ademt, maar verder kan ze niet veel,' ging Celine verder. 'We hebben wel even wat tijd. Een kwartiertje denk ik. Voordat ze wakkerder wordt.'

'Kan ze ons nu horen?' vroeg Andrietta.

Celine scheen met een lichtje in haar ogen. Mika wilde tegen haar knipperen om te laten weten dat ze echt wakker was, maar ze kreeg haar wimpers nog niet eens een millimeter omhoog.

'Dat denk ik niet,' concludeerde Celine en ze ging zitten. 'En zo ja, dan is ze dat straks toch weer vergeten.'

Mika wilde gillen dat ze het wel degelijk allemaal kon

horen en dat ze zelfs steeds scherper ging zien, maar haar stem leek opgelost. Ze kon geen enkel geluid uit haar mond krijgen.

'Wordt het nu niet allemaal te rommelig? Moeten we het nog wel afmaken?' vroeg Celine bezorgd.

'Natuurlijk wel,' zei Andrietta. 'Kun je het haar niet in een spuit geven ofzo?'

Zweetdruppels liepen in Mika's nek. Waar hadden ze het toch over?

'En dan?' Celine ging weer staan. 'Dat vinden ze toch meteen in haar lijf terug? En hoe gaan we dat verklaren? Nee, helaas, cyanide roken was de beste optie geweest.'

Cyanide? Nee, wilde Mika gillen. Nee, geen gif. Ik heb jonge kinderen. Please, nee.

Maar ze kreeg nog niet eens een zucht uit haar keel. Haar hele lichaam was volkomen verstijfd. Had Abby zich ook zo machteloos gevoeld? Zo gevangen in haar eigen lijf.

'Merde Celine.' Andrietta's stem klonk plotseling harder. 'Verzin iets. We kunnen nu niet meer terug.'

'Nee, laten we het hierbij houden.'

'*Pas question*!' riep Andrietta nu uit. 'Ze flirtte nota bene met jouw man, je zei zelf dat je haar bij de gevangenis had gezien. En ze heeft het ook nog gedaan met Gilbert. Dat kunnen we niet ongestraft laten. Dat weet je toch ook? We moeten nu door. En die Gilbert moet nu ook eindelijk eens gepakt worden. Kom, we zijn er bijna.'

Celine liep rondjes door de kamer. 'Ik denk dat het goed is om even een pauze in te lassen. Jullie hebben er al negen.'

'Tien, we zouden voor de tien gaan!'

'Dat weet ik Andrietta, en ik sta ook nog echt achter jullie doel. Ik geloof nog steeds dat geweld nu nog de enige optie is. En wat jullie doen zal veel effect hebben, daar ben ik van overtuigd. Maar we moeten wel alert blijven en oppassen dat we niet...'

'Met tien maken we het publiek, dan zenden we het uit op YouTube, Twitter en dat godvergeten Instagram. Dat had ik je beloofd en dat gaan we ook doen. Echt. Maar kom op, alleen deze nog.'

'Is het matriarchaat niet ook al gebaat bij slechts negen?'

Andrietta pakte ineens Celines arm. 'Moet ik je nu gaan herinneren aan onze afspraak?'

'Nee, Andrietta, die ben ik niet vergeten, echt niet...'

'Ik kan meteen alles voor je verwoesten, dat weet je toch nog wel?' raasde Andrietta door. Haar kleine lichaam stond nu kaarsrecht. 'Want wie heeft je op die plek in het ziekenhuis gezet? Wie heeft er überhaupt voor gezorgd dat je als vergeten immigrantenmeisje medicijnen kon studeren? Ik zou toch wel wat meer dankbaarheid van je verwachten. Zonder ons was je niets. Was je nooit verder gekomen dan Bobigny. Was je uiteindelijk een zielig drugshoertje of zo geworden. Als jc geluk had gehad.'

'Begin niet over dankbaarheid.' Celines stem klonk hoog. 'Ik heb al zoveel opgegeven. Mon Dieu, ik heb zelfs de vader van mijn zoon de gevangenis in gestuurd.'

'Dat wilde je ook zelf. Die klootzak, vreemdgaan onder

je neus, weet je nog? We kunnen dit gedrag alleen nog maar stoppen met geweld.'

Celine schudde haar hoofd. 'Ik weet het niet… is het niet al genoeg?'

'Genoeg? Het moet juist extreem zijn, anders krijgen we geen wereldwijde aandacht.' Andrietta zuchtte. 'We kunnen je overigens voor kerst nog terugsturen, naar Bobigny. Dan raak je echt alles kwijt. Dat zal je zoon ook leuk vinden.'

Het bleef stil. Alleen het geluid van het knapperende haardvuur klonk nog. Mika zag dat Celine en Andrietta dicht bij elkaar stonden. Haar hart klopte steeds sneller. Wat ging er gebeuren?

'Dat zouden jullie nooit doen,' zei Celine uiteindelijk.

Andrietta lachte schel. 'Die gok zou ik maar niet nemen.'

'Merde.' Celine pakte een zwarte tas van de grond. 'En daarna?'

'Zoals ik je al zei, dan tillen we Mika samen terug naar haar appartement en…'

'Heb je haar sleutel dan nog?' onderbrak Celine de uitleg.

'Ja, vanzelfsprekend, anders had ik er toch nooit naar binnen kunnen gaan.'

Mika probeerde haar gedachten te ordenen. Was Andrietta de inbreker?

'En daarna leggen we die sjaal van Gilbert naast haar lichaam? Is dat voldoende?' vroeg Celine terwijl ze een doosje uit haar tas haalde.

'Wat denk je nou?' zei Andrietta. Haar stem klonk nog steeds pinnig en hard. 'Natuurlijk is dat genoeg. Het moet er ook niet te dik bovenop liggen, maar eerder iets dat hij in de haast vergeten kan zijn. Na haar dood dus.'

Haar ribben leken te krimpen. Mika hapte naar adem.

Nee, niet nu, wilde ze gillen, ik wil nu niet dood, maar haar lichaam leek onbereikbaar. Ze kreeg niets in beweging.

Celine tikte tegen een spuit en schoof Mika's trui omhoog. Ze voelde een koude hand op haar arm. Ze probeerde te trappelen, de donkere schaduw van zich af te duwen, maar ze kon geen enkele connectie met haar spieren maken.

Nu voelde ze een scherpe steek. Hij zit erin, schoot door haar hoofd, ze spuit het gif erin. Lieve Abby, help me, please help me.

'Alors, nu ben ik echt klaar,' zei Celine en ze knipte haar tas dicht.

Mika sloot haar ogen. Ze voelde haar hoofd draaien, haar ribben sloten zich nog verder. Abby, ik kom eraan, zei ze in gedachten. Wacht op mij.

Wat was dat voor een geluid? Waren dat stemmen? Klonk Eric op de gang? Was Marcel daar ook?

Ik ben hier, wilde Mika gillen. Red me, ik ben hier.

Een beuk tegen de deur. De bel ging.

'Doe open,' hoorde ze Eric schreeuwen.

'Dit is de politie, mevrouw, doe onmiddellijk de deur open.'

Ze hoorde gerommel, voetstappen, gegil en meubels die omvielen.

'Is het te laat?' werd er geroepen.

Mika wilde zeggen dat ze er nog was. Dat ze levend op de bank lag. Maar de stemmen verdwenen en langzaam gleed ze weg. Deinend op de lucht, op weg naar Abby.

Epiloog

Een jaar later, 22 december

Mika stond op de trappen van L'église Saint-Paul-Saint-Louis en keek om zich heen. In een hoek zat een verliefd stel te zoenen, duiven pikten de laatste kruimels van de stoep en twee vrachtauto's waren met veel lawaai aan het lossen. De klinkers op straat glommen nog van de frisse ochtendmist. *Paris s'éveille*, zoals Jacques Dutronc al zong, en het ontwaken gaf direct energie.

Ze maakte een foto van de voorkant van de kerk en appte die naar Pien. *Hier gaan we volgende week heen, als jullie komen. Ik wil jullie iets laten zien. Verheug me erop.*

Twee jaar geleden had ze hier ook gestaan, wanhopig op zoek naar Abby. Die wanhoop was inmiddels wel verdwenen, maar de pijn zat nog in haar hele lichaam. Ze werd elke ochtend helemaal stijf wakker, alsof het verdriet haar spieren 's nachts martelde. Hoewel, sinds ze hier was gaan wonen werd de rauwheid langzaam wel wat minder.

'Hé schoonheid,' klonk het van de overkant. Eric zwaaide en stak de straat over. 'Sorry, sorry, ik weet het, ik ben te laat, maar jezus, jullie noorderlingen… altijd zo stipt.'

Mika gaf hem een kus op zijn wang. 'Geeft niet. Ik was toch even in gedachten.'

'Ach chérie, natuurlijk.' Hij wreef over haar rug. 'Zullen we een kaarsje voor haar gaan aansteken?'

Mika knikte en stak haar arm door die van hem. 'Heb je het trouwens vanochtend nog op Twitter gezien?'

'Je bedoelt die uitspraak in de zaak van Celine? Natuurlijk. Zes jaar maar. Vind je dat erg?'

Ze schudde haar hoofd. 'Eigenlijk niet. Natuurlijk heeft zij Abby vermoord, maar zij heeft mij uiteindelijk toch ook gered. Nou ja, jij en Marcel natuurlijk vooral. Door meteen de politie te bellen toen ik niet kwam opdagen bij onze lunch. Maar goed, Celine heeft wel direct dat tegengif gegeven. En ze twijfelde echt, dat heb ik nog gehoord. Gelukkig is er voor Andrietta veel langer geëist.'

'Twaalf jaar toch? Bizar dat dat pas een jaar geleden was. Wat is er sindsdien voor jou toch veel veranderd,' zei Eric terwijl ze naar binnen liepen. De kerk was leeg, maar de levende kerststal was er weer. Ze rook het verse hooi en hoorde de os snuiven. 'Maar dat schijnt normaal te zijn. Dat als je een groot trauma meemaakt, je makkelijker grote beslissingen neemt.'

'Dat klinkt paradoxaal, maar het klopt wel.' Ze wees dat ze verder de kerk in wilde lopen. 'Je prioriteiten worden scherper. Zo liep mijn huwelijk natuurlijk al lang niet goed meer, maar door alles wat er gebeurde, kon ik de knoop eindelijk doorhakken.'

'Hoe gaat dat nu eigenlijk? Met twee weken op, twee weken af. Zijn de jongens al gewend?'

Ze ademde diep in. 'Mwah, het is nog lastig. Maar ik denk dat het wel goed is dat zij in het gezinshuis blijven en wij wisselen. Althans, voorlopig.'

'Heftig, lijkt me.'

'Zeker, maar daardoor kan ik wel twee weken per maand hier wonen.'

Ze stonden nu voor het schilderij van Delacroix. 'Kijk, dit wilde ik je laten zien.'

Eric deed een stap dichterbij en keek een voor een naar de drie vrouwen. 'Niet te geloven. Twee druppels water.'

'De middelste lijkt ook echt op mijn moeder. En de linker is meer Abby, denk ik.'

Eric keek haar aan. Zijn ogen stonden vol met tranen. 'Ik mis haar.'

'Ik ook, nog elke dag,' zei ze en huilde zacht.

Ze omhelsden elkaar en zijn warmte ontspande haar spieren. Steeds vaker kon ze ook een soort rust vinden in haar verdriet.

'Zullen we dan nu maar een kaarsje aansteken?' vroeg ze uiteindelijk en veegde haar wangen droog. 'Heb jij twee euro? Doen we er ook een voor Richard. Zijn dood is tenslotte nu ook precies een jaar geleden.'

Eric haalde twee muntjes uit zijn zak. 'Altijd paraat.'

Nadat ze de kaarsjes op de richel onder het schilderij

hadden gezet, gingen ze op de eerste rij van de houten bankjes zitten.

Ze pakte een ingepakt boek uit haar tas. 'Ik heb nog iets voor je.'

'Een kerstcadeau?'

'Niet echt, kijk maar.'

Eric scheurde het papier open en keek naar de foto op het omslag. 'Dit is de steeg waar Abby...'

'Klopt, met die quote van Simone de Beauvoir op de muur.'

'*Et irste vrou...*' probeerde Eric de titel hardop te lezen.

'Zal ik het voor je vertalen?'

Eric knikte en liet de bladzijden door zijn handen glijden. 'Jeetje, tweehonderdzestig pagina's.'

'Het eerste vrouwelijke extremistische netwerk.' Ze volgde met haar vinger de ondertitel. 'Een verslag van feministisch geweld.'

'Door Mika Erikson,' las Eric mee. 'Zo knap van je. In zo'n korte tijd. En wat staat er op de achterflap?'

Ze vertaalde de tekst. Dat ze nu als correspondent voor het *Algemeen Dagblad* in Parijs werkte en dat ze samen met rechercheur Sandrine Allard een extremistisch vrouwennetwerk had blootgelegd. Slechts tien procent van de daders van geweldsmisdrijven is gewoonlijk vrouw. De feministen die zij hadden onderzocht wilden laten zien dat zij ook bereid waren extreem geweld te gebruiken voor hun einddoel: een volledig gelijkwaardige maatschappij, met bij voorkeur vooral vrouwen in topposities. Sommigen streefden zelfs naar een matriarchaat.

Samen met Sandrine had ze ontdekt dat overal in Frankrijk vrouwen betrokken waren: in de zorg, bij de politie, universiteiten en in de politiek. Zelfs de vrouwelijke burgemeester van Parijs leek actief. Ze rekruteerden vooral kwetsbare vrouwen, die ze vervolgens van hen afhankelijk maakten en daarna het vuile werk lieten opknappen. In totaal waren er door verschillende leden van het netwerk negen vrouwen vermoord en werden negen overspelige mannen ten onrechte van die misdaad beschuldigd.

'En bij tien moorden wilden ze het wereldkundig maken?' vroeg Eric

Mika knikte. 'Vervolgens zouden ze gaan dreigen met meer moorden als vrouwen geen gelijkwaardige posities zouden krijgen.'

'Het blijft een ongelofelijk verhaal.' Eric wreef over het omslag. 'Maar wat een bijzonder werk. Een gegarandeerde bestseller.'

'Het wordt in ieder geval al in het Frans vertaald.'

'Niet meer dan terecht.' Hij gaf haar een kus. 'Heel erg bedankt. Je moet het wel signeren hè.'

'Kijk eens voorin.'

Eric bladerde terug en las de opdracht hardop voor. '*Voor Eric, mijn eerste en dierbaarste Franse vriend. Hij hield mij rechtop.* Ma chérie, wat mooi.'

De deur van de kerk viel hard dicht. Ze draaiden zich tegelijk geschrokken om. Een lange man in een lichtgrijze wollen jas keek zoekend om zich heen. Haar buik kriebelde en ze zwaaide uitbundig.

Alex' gezicht klaarde op toen hij hen zag zitten en hij liep via de zijbeuk van de kerk hun kant op.

'Hoe gaat dat nu tussen jullie?' fluisterde Eric in haar oor.

'Het gaat, maar heel voorzichtig.'

'Hij is echt heel leuk.'

Mika lachte. 'Weet ik toch.'

'Was het niet Simone de Beauvoir die zei: "Als mensen verliefd zijn, gedragen ze zich zoals ze altijd zouden moeten zijn"?'

'Nou, dan word ik hopelijk de beste versie van mezelf.' Ze kneep kort in zijn arm. 'En kan ik dat nog een hele tijd blijven. Hier bij jullie, in Parijs.'

Dankwoord

Dank aan mijn ouders, die mij al vroeg leerden dat Parijs meer is dan de Eiffeltoren. Dank ook aan hen die mij de stad door verliefde ogen lieten zien. En veel dank aan Benk, Taco en Niels. Zij zorgden er uiteindelijk voor dat ik toch een keer de Eiffeltoren beklom, al moest ik eerst vijftig worden.

Bijzonder veel dank aan Caroline, die mij liet lezen hoe het is om uit één ei te komen en dan later alleen verder te moeten.

Verder natuurlijk veel dank aan het team om mij heen. Sander, Lotte, Anke, Renee, Margot, en Willem. Het samenwerken gaat zo soepel dat we soms weleens vergeten hoe bijzonder dat eigenlijk is.

Ontdek de duistere kant van het zonnige Zuid-Frankrijk

Jacky's leven wordt ruw verstoord door het bericht dat haar zus Christine na een nare val in coma is geraakt. Halsoverkop vliegt ze naar haar geboorteplaats Nice, waar Christine een makelaarskantoor runt. Wakend bij haar zus beseft Jacky dat ze hun mysterieuze familiegeschiedenis niet langer kan negeren, zeker wanneer blijkt dat er mogelijk opzet bij de val in het spel was. Jacky begint aan een confronterende zoektocht en wordt gedwongen opnieuw te kijken naar de mensen die ze dacht te kennen. Het zonnige Nice laat zich van z'n donkerste kant zien…

IJskoude rillingen gegarandeerd met *Winterberg*

Roos is toe aan een break en nodigt haar twee beste vriendinnen uit voor een weekendje skiën in Winterberg. Ze verblijven in het knusse Hotel Bremberg, waar Roos als kind regelmatig kwam. Het hotel is niets veranderd en ze voelt zich er meteen weer op haar gemak. Hun verblijf wordt nog leuker als ze gezelschap krijgen van sportjournalist Frank, met wie Roos direct een klik voelt. Maar dan breekt een hevige sneeuwstorm uit en de gasten mogen het hotel niet verlaten. De volgende ochtend blijkt Roos spoorloos verdwenen. De plaatselijke politie gaat uit van een ongeluk, maar Frank vertrouwt het niet. Wat heeft het hotel en de rest van Winterberg te verbergen en hoe kan hij op tijd achterhalen wat er met Roos is gebeurd?

Duik met *Tarifa* in het surfwalhalla van Zuid-Spanje

Liv en Alex, een succesvol stel dat festivals organiseert, besluiten te gaan relaxen in hun geliefde surfstad Tarifa. Als Liv na hun eerste avondje 's nachts wakker wordt, blijkt Pepijn niet in zijn bed te liggen. Het stel begint aan een zenuwslopende zoektocht naar hun zoon. Maar dan gebeurt er iets waardoor Livs leven voorgoed verandert. Ze ontdekt dat achter het bruisende stadje dat ze zo goed dacht te kennen een gewelddadige en donkere wereld schuilgaat. En dat niemand, zelfs de mensen die het dichtst bij haar staan, zomaar te vertrouwen is.

In *Gstaad* verschuilt de elite zich achter een ijskoude, levensgevaarlijke façade

De introverte journalist Puck belandt op een persreis naar Zwitserland in het mondaine skioord Gstaad, waar de oude adel en steenrijke Russen zich verzamelen in de besneeuwde straatjes en chique hotels. Ze verveelt zich stierlijk, totdat de directrice van de elitaire kostschool wordt vermoord. Als Puck voor de krant op onderzoek uitgaat, raakt ze verstrikt in een web van leugens en verraad. Het wordt nog ingewikkelder als haar ex Matz plotseling opduikt. Wat weet hij, en wat wil hij van haar? Om de duistere waarheid te achterhalen, moet Puck haar eigen leven op het spel zetten…

Stormachtige spanning op het glamoureuze eiland

Charlie gaat voor haar werk als reisblogger een paar nachten naar een glamping op Vlieland. Op het eiland wil ze Sytze interviewen, de eigenaar van een nieuwe bierbrouwerij. Hij is echter bot en ongeïnteresseerd, en Charlie krijgt vreemde reacties als ze wat mensen naar hem vraagt. Dan wordt het bebloede lichaam van een meisje gevonden. Sytze wordt onmiddellijk verdacht, en als er nog iemand verdwijnt weet iedereen het zeker: hij is de dader. Door een zomerstorm wordt Charlie gedwongen om op het eiland te blijven en ze besluit zelf op onderzoek uit te gaan, met gevaar voor eigen leven…